#MeToo
Schlüsseldienst

Für wen ist dieses Buch?

Dieses Buch ist für *SIE!* (für wen denn sonst?)

Sind Sie es leid, dass fiese Typen für einen Handgriff Unsummen an Kohle einstreifen, und das nur weil Sie einen Moment nicht aufgepasst haben oder nur, weil Sie echt Pech hatten und gar nichts dafür können? *....oder weil Sie eine Frau sind?*

Ist es so?
Dann ist dieses Buch das richtige für Sie!

Diese Fibel ist für Leute geschrieben, die es endgültig satt haben abgezockt und übervorteilt zu werden.

Nur, weil man einmal Pech hat in seinem Leben und den Schlüssel vergisst oder verliert, bedeutet das noch lange nicht sein Geld irgendwelchen unverschämten Abzockern in den Rachen zu schieben. Jeder kann einmal in eine Situation kommen, in der er Hilfe eines Schlossers braucht und für diese armen hilfsbedürftigen Menschen ist dieses Büchlein. Es soll verzweifelten Leuten helfen, die ohne Schlüssel vor der Wohnung stehen und nicht genau wissen was zu tun ist. Kurz um, es soll vor Schaden bewahren.
Es ist für alle, die es für eine ausgesprochene Frechheit halten, dass „Möchtegern Handwerker" die Not und Verzweiflung von redlichen Bürgern ausnutzen.

Kennen Sie jemanden, der den Schlüsseldienst auch nicht mag?
Ja, dann empfehlen Sie dieses Buch weiter!
Er wird Ihnen für immer und ewig dankbar sein und Sie liebe Leserin landen auf Wolke Sieben (das ist die neben Petrus).

Impressum

Schlüsseldienst #MeToo

Alle Rechte vorbehalten
Das Werk ist urheberrechtlich geschützt
Copyright by Michael Bübl
EU - 2018

Internet: www.wunderschlosser.com
Mail: michael@buebl.com
Management: www.poellmann.com

Inhalt

Einleitung

1800 Euro Rechnung vom Schlüsseldienst!
Schlüsseldienst verlangte 1770 Euro!
900 Euro für eine Minute Arbeit!

Das ist ja nicht lustig, oder?

Die Meldungen über verbrecherische und hundsgemeine Schlüsseldienste reissen nicht ab. Seit Jahren wird das ganze Land von dieser widerwertigen Landplage heimgesucht. Es scheint so, als ob niemand dagegen etwas machen will oder kann. Mag es so sein, aber da hilft eben nur eines, wie so oft im Leben: Hilf dir selbst, dann hilft dir Gott!

Wussten Sie, dass 90 Prozent der Schlüsseldienst-Opfer weiblich sind?

In diesem Buch ist ausschliesslich die Rede von sogenannten „Abzocker Schlüsseldiensten" die hart an der Grenze zum Verbrechen und teils tatsächlich kriminell, ihre miesen Geschäfte verrichten.

Die anderen, die Meisterbetriebe, sind selbstverständlich ausgenommen. Diese Firmen leisten hervorragende Arbeit, denn der Schlüsseldienst ist eine wichtige und gute Dienstleisterbranche.

Autor

Vielleicht haben Sie schon mal was vom Autor gehört, vielleicht auch nicht. Wenn ja, dann freut es ihn, wenn nicht, dann hören (lesen) Sie halt jetzt von ihm! Das ist fein! Fest steht, keiner kennt die Schlüsseldienst-Szene so gut wie er. Hat er doch selbst so um die 100 000 Schlüsseldienst Einsätze in seiner Berufslaufbahn hinter sich gebracht. Der Mann kann Türen öffnen! Seine Tipps sind goldwert und eigentlich mehr wert, als dieses Buch kostet.

Der Autor dieses Buches hat auch etwas mehr als einen "Wochenenkurs" als Ausbildung zu verbuchen. Zwei Lehrberufe und drei Meisterprüfungen, das ist mehr als sämtliche Abzocker miteinander haben. Er hat über zwanzig Jahre beim Schlüsseldienst gearbeitet - Tag und Nacht, Samstag, Sonntag, Feiertag. Kein anderer weiss so genau wie er, wie man als Schlüsseldienst-Monteur so richtig Kohle scheffelt. Man kann gut Geld machen als ehrlicher Schlüsselnotdienst, ohne zu betrügen oder abzuzocken.

Aber:

Die finanziellen Möglichkeiten für einen Abzocker sind praktisch unendlich.

Über den Schlüsseldienst

Der Autor berichtet aus seiner langjährigen Praxis als Schlossermeister und Schlüsseldienst-Mann. So weh es Ihnen tut, was er Ihnen nun sagt, aber an dieser Stelle darf er es beichten, ein Schlüsselnotdienst lebt vom Pech der Leute! Ja, die Schlossknacker leben gut von Ihrer Einfältigkeit. Die Aufsperrer bauen Häuser von Ihrer Vergesslichkeit. Die Leute von Öffnungsdienst fahren in den Urlaub, weil Sie Ihnen den Urlaub zahlen. Die Schlüsseldienstler können sich tolle und teure Autos leisten nur aufgrund Ihrer Unwissenheit.

Ein schmuckes Haus ist bald verdient, dazu gibt es jedes zweite Jahr ein neues Auto. Urlaube sind locker drei bis vier im Jahr drinnen, Und wie gesagt, das gilt für redlich arbeitende Notdienste, die Ihre Kunden nicht abzocken und marktgerechte Preise verlangen.

Das ist nichts im Vergleich zu den schwarzen Schafen der Branche. Mit genügend Rohheit und Skrupellosigkeit kann so eine Firma ein Jahresgehalt eines Durchschnittsverdieners einstreifen, und das am Tag! Vier bis fünf Einsätze am Tag und drei pro Nacht, und die Kassa klingelt, da können Sie gar nicht hindenken. Rechnen Sie selbst nach, dann werden Sie sehen, dass hier die Wahrheit steht. Sie sehen es ja jeden Tag im Fernsehen oder lesen es täglich in der Zeitung. In keiner Branche der Welt kann man so viel Kohle scheffeln wie als skrupelloser Schlüsseldienst. Diese miesen Charaktere haben einen ganzen Berufsstand in Verruf gebracht. Ein Jahresgehalt verdienen an einen einzigen Tag – Wo kommen wir denn da hin?

Die Geschichte hat es uns schon oft gelehrt. Aus einem gut gemeinten Gedanken ist eine fiese und gierige Institution geworden.

Aus dem ehrbaren Beruf des Schlossers und Schmied ist der Abzock-Schlüsseldienst geworden!

Wer ist schon Abzock-Schlüsseldienst?

In diesem Kapitel sind alle ehrlichen, gut ausgebildeten Schlosser und Schlossermeister ausgenommen. Wir sprechen nicht von Könnern und Fachleuten auf dem Gebiet der Schloss-Öffnung, die sich Jahre mit der Materie beschäftigen. Das Handwerk Schlosser ist ein gutes und schweres Handwerk, und Schlosser ist ein ehrenwerter Beruf. Jahr um Jahr verbringen Lehrlinge in Ausbildung bei renommierten Fachbetrieben, um sich Wissen und Können anzueignen und um ein richtiger Handwerker zu werden. Es gehört Fleiss und Geduld dazu ein gewissenhafter Facharbeiter zu werden. Nach einer entsagungsreichen Zeit als Lehrling, welche mit einer Facharbeiterprüfung auch Gesellenprüfung abgeschlossen und beurkundet wird, kommen die Jahre als Geselle. Es sind weitere Jahre des Lernens und des Schuftens! Dann, wenn der Facharbeiter genug an Geschicklichkeit und Fachwissen gesammelt hat, dann erst ist er soweit eine Meisterprüfung zu absolvieren. Und die ist richtig schwer! Da muss man echt was können! Das Meisterstück ist hierbei noch das leichteste. Ist der Schlosser geprüft in Buchhaltung, Fachrechnen, Kalkulation, Mitarbeiterführung, und viele andere Dinge, dann darf er sich staatlich geprüfter Schlossermeister nennen, und nur dann.
Diese Unternehmen sind Meisterbetriebe, und dürfen dies auch anführen.

Nix Meister

Aber, um diese Meister geht es nicht, es geht hier um die anderen, schwarzen Schafe:

Haben Sie sich schon mal gefragt, wer arbeitet überhaupt beim Schlüsseldienst oder noch genauer, wer ist schon Schlüsseldienst? Was muss man überhaupt können um Schlüsseldienst zu werden?

Die Antwort ist leicht: Nichts!

Die ungelernten Männer vom Schlüsselnotdienst, die als fleissig in der Branche gelten, die absolvieren gerade mal einen 3 Stunden Ausbildungs-Kurs zum Schlüsseldienstmonteur. Die anderen, die faulen, und die sind in der Überzahl, die machen nicht einmal diese Ausbildung. Die haben gar nichts gelernt und können auch nichts, rein gar nichts. Die wollen nur Geld, Ihr Geld, sonst nichts.
Ein Schlüsseldienst ist ein "Anmeldegewerbe". Das bedeutet, das einzige was man tun muss ist zum Ordnungsamt zu gehen und einen Schlüsseldienst anzumelden. Sie benötigen dazu keinerlei Ausbildung, keinerlei Befähigung und keinerlei Referenzen. Niemand fragt Sie, ob Sie die Materie beherrschen, oder ob Sie überhaupt in der Lage sind Schlösser zu öffnen.
Jeder Mensch, und sei er noch so mieser Typ, darf einen Schlüsseldienst eröffnen und Ihnen das Geld abnehmen. Diese Tatsache geht fast nicht mehr zu toppen, aber eben nur fast. Es gibt noch eine gewaltige Steigerung dieses Missstandes. Es gibt absolut keine Vorgaben oder Richtlinien, welche die Beschäftigung eines Gehilfen reglementiert. Im Klartext bedeutet dies, dass jeder Gestrauchelte und jeder Knacki beim Schlüsselnotdienst arbeiten darf. Selbst vorbestrafte Einbrecher dürfen die Arbeit eines Schlüsselmonteurs ausüben.
Für die Kunden ist es das nicht gerade ein beruhigendes Gefühl, wenn der Mann, der heute Türen öffnet, gestern noch im Knast gesessen hat. Möglicherweise hat der genau der Mann, der gerade Ihnen eine neues Schloss montiert soeben seine 4 Jahre wegen Betrugs oder Einbruchsdiebstahls abgesessen. Und, weil er halt keine andere Arbeit bekommt, geht er zum Schlüsseldienst! Super Aussichten für den Konsumenten. Vielleicht wird Ihnen, lieber Leser, nun einiges klar. Vielleicht wird Ihnen nun klar warum gerade in dieser Branche sich derart viele „Russkäfer" bewegen. Es gibt Schlüsseldienste, bei denen praktisch alle Mitarbeiter im Gefängnis waren.

Man muss auch die andere Seite sehen. Welcher solide Familienmensch ist in der Lage auf Abruf nächtelang von Tür zu Tür zu düsen um legal "einbrechen" zu gehen. Solche Tätigkeiten üben nur Personen aus, die am Rande oder überhaupt ausserhalb der Gesellschaft stehen. Welche Ehefrau duldet es oder sieht es gerne, wenn Ihr Mann dreimal in der Nacht das Bett verlässt und anderen Menschen eine Tür öffnet? Hätten Sie es gerne, wenn Ihr Liebster die ganze Nacht bis morgens um 11 Uhr fremde Schlösser knackt?

"Kinder seid leise, Papa schläft noch. Papa ist viermal in der Nacht aufgestanden und hat fremden Menschen geholfen, dass sie nach Haus kommen. Wir haben halt wieder keinen Sonntag...!"

Wie lange ist ein Schlüsseldienstler im Kreise seiner Freunde gerne gesehen, wenn er bei jedem Pokerabend zweimal den Tisch verlässt, um den „Schmollners" den abgebrochenen Schlüssel aus dem Schloss zu ziehen?

Um der Gleichberechtigung genüge zu tun: Wären Sie als Mann erfreut, wenn sich Ihre Frau oder Lebensgefährtin um 3 Uhr in Früh verabschiedet: "Schatz ich komme dann in einer Stunde wieder, die Müllers haben sich ausgesperrt, halt das Bettchen warm!"
Wären Sie erfreut? Nein, oder?

Na sehen Sie, Sie können sich nun vorstellen, welche Typen diesen Beruf ausüben. Sehr familien- und beziehungsfreundlich ist diese Arbeit nicht. Das kann man ohne schlechtes Gewissen sagen. So ist es auch nicht verwunderlich, dass den meisten der Schlüsseldienstmitarbeitern gänzlich egal ist, wie Sie sich als Kunde fühlen und ob Sie zufrieden sind.

Nun mal im Ernst:
Was erwarten Sie sich von einem Menschen, der zu Ihnen kommt und Schlösser knackt, womöglich mitten in der Nacht?

Das Leben dieser Desperados ist leer und ohne Inhalt. Die Tage durch Einsamkeit und Depression geprägt. Nur die alleinige Aussicht auf einen grossen Patzen Zaster hält so manchen Schlüsseldienst-Monteur am „Funktionieren".
Sie können darauf vertrauen, dass diese einsamen Aussenseiter

einzig und allein das Ziel haben an Geld zu kommen. Ohne Rücksicht auf Verluste und ohne jegliches Mitgefühl!

Eine Lanze für den Schlüsseldienst

oder

es sind nicht alle so!

Im Gegenteil, die wenigsten Handwerkerfirmen bzw. Schlüsseldienste sind Halunken. Die allermeisten Firmen sind anständige und ehrlich arbeitende Unternehmen. Keine von diesen Meisterbetrieben wollen einen Kunden abzocken, oder betrügen. Ein gelernter Schlossermeister hat es nicht notwendig seine Kunden übers Ohr zu hauen. Er arbeitet ehrlich und schwer für sein Geld und ist stolz auf seinen Beruf.

Darum ist wichtig die schwarzen Schafe zu erkennen und zu verbannen.

Geben Sie den Abzockern keine Chance!

Vorbeugen ist besser als heilen

Vermeiden Sie den Schlüsseldienst!

Vermeiden Sie eine Panne!

Vermeiden Sie Fehler!

Der beste Weg eine Konfrontation mit einem Schlüsseldienst zu vermeiden ist, niemals in eine solche Lage zu schlittern.
Geben Sie den Raubrittern kein Futter. Achten Sie penibel darauf jegliches Risiko zu vermeiden, in der Sie die Hilfe eines Pseudo-Retters benötigen könnten.

Vorsicht ist besser als abgezockt werden!

Hier eine Liste der häufigsten Fehler und Defekte:

Falscher Schlüssel – falscher Gegenstand

Jedes Mal, wenn Sie die Wohnung verlassen, schauen Sie in Ihre Hand, ob das was in Ihrer Hand ist auch ein Schlüssel ist und wenn ja - Ist es auch der Richtige?

Verlassen Sie sich nicht darauf, dass das was in Ihrer Hosen- oder Jackentasche ist und sich durch daraufschlagen, oder durch den Stoff wie ein Schlüsselbund anfühlt, auch der Schlüsselbund ist. Ein USB Stick fühlt sich durch die Hosentasche nicht anders an als ein Zylinderschlüssel. Ein Packung Papiertaschentücher greift sich gleich an wie ein schmuckes Schlüsseltäschchen, hat aber eine gänzlich andere Funktion.

Vergessen Sie es vor Freunden cool zu spielen und nur locker aussen auf Ihre Hosentasche klopfen. „He Leute, lasst uns gehen, Schlüssel ist mit dabei!" So viel Coolness ist nicht angebracht. Denken Sie an die Folgen: Horrende Schlüsseldienstrechnung plus Hohn und Spott. Eine Gewissheit haben Sie bei solch Verhalten; hämisch ausgelacht zu werden, viele Jahre lang.

So manch einer bereute seine Faulheit bitter...

Lösung:

Reingreifen – Rausholen – Angucken

Nur so sind Sie auf der richtigen Seite!

Falscher Schlüssel trotz gucken

Ja, ja auch das gibt es. Sie gehen aus der Wohnung greifen nach dem Bund, werfen sogar noch einen Blick darauf und knallen siegessicher die Türe hinter Ihnen zu. Das Erwachen ist bitter. Als Sie absperren wollen sind 23 Schlüssel auf dem Ring nur genau dieser eine kleine Schlüssel fehlt auf dem Ring! So dunkel erinnern Sie sich nun, wie es dazu kam. Sie haben Ihrer neuen Flamme den Schlüssel mitgegeben, um ein Duplikat anfertigen zu lassen. Ihr Handi ist in der Wohnung und auswendig kennen Sie die Nummer noch nicht. Oder Sie haben gestern Ihrer Mutter den Schlüssel gegeben, um nach dem Rechten zu sehen, in den nächsten drei Wochen. Ihr wohlverdienter Urlaub steht vor der Tür. Das ganze hat nur einen Nachteil, Ihre Mutter kommt erst in drei Tagen von Ihrer Wandertour zurück. Oder Ihre Freunde haben Ihnen einen witzigen Streich gespielt und Ihren Bund manipuliert, darüber können Sie jetzt garantiert nicht lachen. Oder der Schlüsselbund in Ihrer Hand ist der von der alten Wohnung und wollen Sie ja nicht mehr hin, sonst hätten Sie sich nicht sich nicht diese schöne neue Wohnung genommen. Nur blöd, dass Sie den falschen Schlüssel in der Hand haben. Abgesehen von Autoschlüssel, Kellerschlüssel, Firmenschlüssel, oder was weiss ich noch alles, gibt es noch eine Million Möglichkeiten, warum der Schlüssel in Ihrer Hand jetzt und heute NICHT ins Schloss passt. Pech! Darum genau gucken und beim kleinsten Verdacht – probieren!

Vergessener Schlüssel

Sind Sie ein vergesslicher Mensch?
Das ist eine schlimme Sache, denn Sie haben es schwerer als Ihre Mitmenschen. Aber keine Sorge es geht hier nicht um irgendwelche todlangweiligen Gedächtnisübungen, die Sie voller Eifer zwei Tage lang machen und am dritten Tag vergessen Sie die Übungen wieder...

Das ist ein häufiges Missgeschick. Sie vergessen einfach den Schlüssel des öfteren zu Haus in Ihrer Wohnung. Ursachen gibt es viele. Schlechtes Gedächtnis, voller Kopf, leerer Kopf, pochendes

18

Zahnweh, fürchterliche Eile, Erbtante im Spital, Verwandte kommen auf Besuch und Sie müssen flüchten. Sie sehen auch hier gibt es wiederum unendlich viele Gründe, ohne Ihnen Schuld zu weisen zu können. Fest steht, Sie stehen draussen und der Schlüssel liegt am Kasterl drinnen. So ein Mist!

Lösung:

Die einfachste, billigste und effektivste Lösung ist es, ein gewaltiges Plakat zu schreiben. Je grösser, desto besser. Gigantisch ist erst richtig gut. Diesen monströsen Zettel kleben Sie innen an Ihre Wohnungstüre, so dass Ihnen beim Verlassen der Wohnung das Plakat mit seiner Botschaft ins Auge springt. Wenn Ihre Freunde Sie auslachen, kränken Sie sich nicht. Die Freunde und Bekannten müssen den Schlüsseldienst auch nicht bezahlen, sondern Sie.

Abgesehen vom Plakat können Sie einen Reserveschlüssel zur Oma legen oder in die Arbeit. Ein Schlüssel am Arbeitsplatz hat den Vorteil, dass Sie keinen Umweg über die Oma machen müssen, wenn es wieder mal so weit ist, und das spart Unmengen an Zeit.

Doppelt vergesslich?
Dumm ist es nur, wenn Sie ein doppelt vergesslicher Mensch sind, dann kann Ihnen nur mehr der Kurs „In drei Tagen zu einem besseren Gedächtnis" auf der Volkshochschule helfen. Doppelt vergessliche Leute vergessen erst den Schlüssel zu Hause und freuen sich tierisch, denn Sie haben ja vorgesorgt. Sie haben einen Zweitschlüssel am Arbeitsplatz. Nur leider vergessen die Hohlköpfe den Reserveschlüssel wieder zurückzulegen. Das nächste Mal wird es ernst.

Lösung:

Also: Notschlüssel SOFORT wieder zurück legen!

Heimkommen ist zusperren – fortgehen ist aufsperren

Sperren Sie von innen zu und hängen Sie den Schlüssel ans Schlüsselbrett oder auf einen Nagel im Türstock. Der unübersehbare Vorteil dabei ist, dass Sie jedesmal, wenn Sie die Wohnung verlassen wollen den Schlüssel in die Hand nehmen *müssen*, um aufzusperren. So können Sie ihn nicht mehr liegen lassen.

Schlüssel im Müll

Eine grosse Gefahr ist es den Schlüssel wegzuschmeissen, natürlich unabsichtlich. Das ist schon klar. Das kommt öfter vor als Sie glauben. Viele Leute halten den Müllsack und den Wohnungsschlüssel in der selben Hand. So passiert dann das Malheur. Müllsack und Wohnungsschlüssel werden schwungvoll in den gigantischen Hauscontainer geworfen und verschwinden dort für immer und ewig. Machen Sie sich keine Hoffnung, Sie finden den Schlüssel in den Untiefen des stinkenden und schleimigen Mengen des Mülls garantiert nie mehr wieder. Es sein denn, Sie haben Lust und Zeit einige Tage vor den Augen aller Nachbarn sich von Eierschalen über Speisereste weiter über benutzte Windel vorbei an alter Unterwäsche bis hin zur Dingen ohne Namen durchzubaggern und zu graben, bis Sie endlich nach 72 Stunden Ihren Schlüssel wieder gefunden haben. So gewinnt man keine Freunde!

Lösung:

Besser ist: Schlüssel in der linken Hand – Müll in der rechten
Ideal ist: Schlüssel um den Hals – Müll in der rechten Hand

Abgebrochener Schlüssel

Tür aufsperren mit Schlüssel und Einkaufstasche in der selben Hand ist eine ganz schlechte Idee.

Ein kleiner dünner Zylinderschlüssel bricht schnell ab, und besonders gerne tut er das im Schloss. Eine falsche Bewegung und der Bart bleibt im Schloss stecken, und Sie haben nur mehr den Schlüsselkopf in der Hand. Vielleicht ist Ihnen das sogar selbst schon passiert. Ärgerlich und leicht zu vermeiden. Sie können jedem die Schuld geben, den Schlosshersteller, oder den Supermarkt, oder dem Hausverwalter, aber es wird Ihnen nichts nutzen, denn Schuld daran sind ein Sie selbst, denn meistens wollen Sie besser sein, als Sie es sind. Oder Sie wollen Zeit sparen, und genau das ist der Fehler.

Die Motorik hat nämlich natürliche Grenzen, seien sich dessen bewusst. Mit einer vollen 14 Kilo Einkaufstasche in der Hand kann man nicht gut Mikado spielen. Ich wette mit Ihnen, dass Sie bei diesem Geschicklichkeitsspiel aus vergangenen Tagen nichts anderes in Hand hatten als ausschliesslich dieses Holzstäbchen. Mit Gewichten an den Händen ist das Feingefühl ordentlich in Mitleidenschaft gezogen. Man zittert und kann keine genauen Bewegungen durchführen. Das ist es aber was Sie müssen, beim Aufsperren einer Tür.

Nun es vertragt sich nicht gut, die überfüllte Einkaufstasche und ein kleiner Schlüssel in einer Hand, während Sie das Schloss aufsperren.

Lösung:

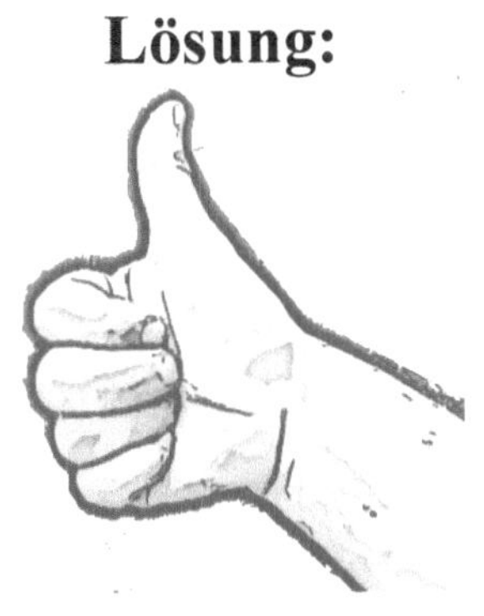

Daher: Tasche abstellen – Schlüssel ins Schloss – Aufsperren – Heimkommen und Tee trinken

Nachschlüssel – schlecht kopiert

Hin und wieder kommt es vor. Sie brauchen einen zweiten Schlüssel, für wen, das soll uns an dieser Stelle nicht interessieren. Und da passiert es, das was nicht passieren darf, aber doch passiert. Der Mann im Schlüssel-Schuh-Stempel-Fax-Handi-Schleifdienst ist total benebelt vom Kleber. Er soeben 93 Paar Sohlen auf Cowboystiefel geklebt und das Lösungsmittel ist ihm ins Gehirn gestiegen. Er sieht auch so aus, man erkennt seinen Verwirrtheitszustand sofort, abgesehen, vom süsslichen Duft in seinen Geschäftsräumen- kurzum der Mann ist ein Kleberschnüffler und sollte auf Entzug gehen. Macht er aber nicht, stattdessen fertigt er eine Kopie Ihres Zylinderschlüssels an, kann sich jedoch nicht konzentrieren (Er träumt von der Südsee) und fräst eine miserable Kopie. Den horrenden Rechnungsbetrag kann er trotz seines trüben Bewusstseins dennoch nennen (!), alles andere interessiert ihn definitiv nicht. Insbesondere, ob der Schlüssel sperrt, genau das ist ihm völlig egal. Ausserdem hat er sowieso keine Zeit, er muss noch 22 Mobiltelefone entsperren und auf 5 Gürtel neue Ösen nieten. Der Dumme sind Sie, denn Sie verlassen sich auf die Qualität des nachgemachten Schlüssels und geben Ihren eigenen weiter (eben dieser Person, die uns nichts angeht). Probiert haben Sie die Kopie nie. Das ist ein Fehler! Am Abend oder nächsten Tag wollen Sie dann mit der Kopie aufsperren und es durchzuckt Sie ein Blitz. Der Schlüssel dreht nicht, oder noch schlimmer, er passt nicht mal ins Schloss. Der Schuh-Fax-Gürtel-Handi-Schlüsseldienst hat in seinem verklebten Nebelzustand eine miserable Arbeit gemacht. Genau gesagt, er hat überhaupt keine Arbeit gemacht.

Lösung:

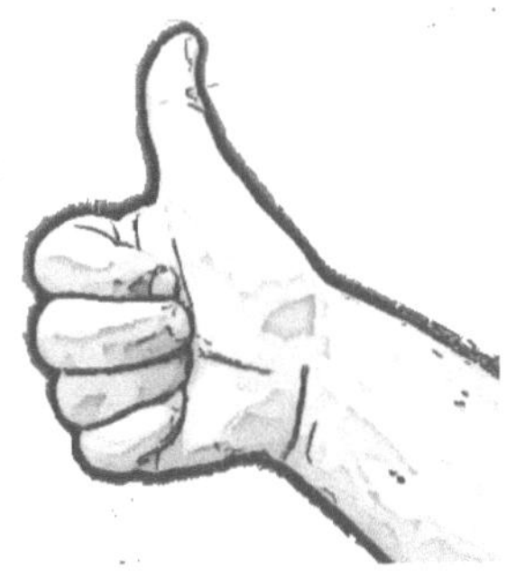

Gut: Jede Schlüsselkopie sofort probieren – innen und aussen – dreimal

Besser: Schlüssel nur beim Schlossermeister (Fachbetrieb) nachmachen lassen - Er kann es! (trotzdem probieren...)

Falsche Hose - Falsche Schlüssel – Falsche Jacke

Heute ist ein sonniger Tag! An so einem schönen Tag ziehe ich die blaue Jacke an, das ist meine Frühlingsjacke. So oder ähnlich denken tausende Leute. Es ist ein guter Grundgedanke, seine Garderobe der Witterung anzupassen, nur dürfen Sie eines nicht vergessen. Den Schlüssel! Der ist wahrscheinlich noch in der dicken grauen Winterjacke, die Sie gestern übergezogen hatten, gestern beim Sauwetter. Vielleicht freuen Sie sich, endlich können Sie Ihre neue Hose anzuziehen und vergessen das Wichtigste in der alten. Ein Kontrollblick schadet nie.

Lösung:

Ersparen Sie sich den Moment:
Verdammt! Der Schlüssel ist die anderen Jacke!
So ein Mist, ich hab den Schlüssel in er alten Hose!

Der umgekehrte Fall ist angenehmer. Oft ist man freudig überrascht, wenn man in alten Jacken, Mäntel und Hosentaschen Geldscheine findet, Hurra!

Seit Jahren, seit vielen Jahren

Diesmal sind Sie wirklich schuld, und nur Sie. Herausreden können Sie sich diesmal nicht. Nein, Nein dieses Mal nicht.
Seit Jahren harkt und klemmt Ihr Schloss. Doch Sie sind klug und haben einen Trick gelernt, wie man die Tür öffnet trotz kaputten Schloss. Also wie geht „Ihr" Trick:
Sie müssen nur den Schlüssel ganz ins Schloss stecken, dann wieder einen Millimeter herausziehen und rütteln. Mit etwas Glück klappt es dann beim zehnten Versuch. So geht es! „Na bitte, geht eh, da werde ich doch kein neues Schloss kaufen." Das sind Ihre Gedanken, stimmts? Genau das ist es aber, was Sie längst tun hätten sollen. Denn irgendwann klappt es eben nicht mehr, dann ist es das Klump endgültig übern Berg und Sie stehen vor der Tür. Der Ärger ist dann doppelt, denn Sie ärgern sich zusätzlich noch über sich selbst und Ihre Dummheit. Gewusst haben Sie es längst, dass es so kommen wird. Ein kaputtes Schloss ist wie ein löchriger Zahn. Sonntag Abend, wenn Sie mit Höllenschmerzen beim Notarzt sitzen und wissen zu 100 Prozent, dass der Zahn rauskommt, dann bereuen Sie Ihre Feigheit. Vor einem Monat wäre Sie vielleicht noch mit einer Plombe davon gekommen. Jetzt nicht mehr, Recht geschieht Ihnen! So und nicht anders ist die Geschichte mit dem klemmenden Schloss.

Lösung:

Fazit: Besorgen Sie sich ein neues Schloss und Sie sind alle Sorgen los. Alle nicht, aber wenigstens die Schlosssorgen Lassen Sie es nicht anstehen, machen Sie es gleich. Auf was warten Sie?
Ist wie Zahnweh, wird nicht besser!

Verdreht – Eingerissen – Verbogen

Dieses Kapitel weist Ihnen exakt die selbe Schuld zu, wie das Kapitel davor. Diesmal allerdings geben Sie dem Schlüssel die Schuld und wieder nicht sich selbst. Seit Monaten oder Jahren benutzen Sie Ihren Schlüssel mit höchster Vorsicht. Er hat einen Riss, und das wissen Sie ganz genau. Wenn Sie einmal einen Bekannten Ihren Schlüssel borgen sind Ihre ersten Worte: „Du musst aber ganz vorsichtig sperren, sonst bricht der Schlüssel ab. Der hat nämlich einen Riss."
Oder Sie sagen: „Geh bitte pass auf beim Sperren, der Schlüssel ist total verbogen. Ich muss jetzt echt einen nachmachen, sonst stehe ich vor der Wohnung und komme nicht mehr rein, hi, hi, hi!"
Naja passen Sie nur auf, sonst vergeht Ihnen das Lachen sehr schnell. Ihr Lächeln friert Ihnen dann auf den Lippen, wenn der Schlüsselnotdienst Ihnen die unverschämte Rechnung auf den Tisch fetzt. Natürlich mit neuem Schloss, das alte musste er stundenlang rausbohren, weil ja ein Stück des Schlüssels im Schliesskanal steckt, wahrscheinlich am Feiertag Abend oder so. Fest steht, für die Rechnung hätten Sie auf die Malidiven fliegen können, Jetzt fliegt wer anderer statt Ihnen, nämlich der Schlüsseldienstmonteur, und das mit Ihrem Geld.

Lösung:

Lassen Sie es nicht so weit kommen!
Ersparen Sie sich diese Ohrfeige!
Gehen Sie zum Schlossermeister - Fachbetrieb und lassen Sie sich einen neuen Schlüssel anfertigen. Sie werden sehen, wie beruhigend das ist.

Haben Sie zwei Hände oder nur eine?

Sind Sie gesund und haben Sie zwei Arme und Beine, dann danken Sie Gott und benutzen diese auch.
Haben Sie sich schon mal gefragt, wozu auf Ihrer Türe ein Knopf aussen angebracht ist? Was glauben Sie? Dient der Griff nur zur Zierde, oder hat er auch eine Funktion?
Drei Fragen und nur ein Antwort. Der Knopf hat garantiert einen Sinn. Es sei denn, Sie sind Graf oder Baron, oder sonst irgendein Hochwohlgeboren, dann kann es sein, dass Sie ein Jagdschlössel besitzen mit vielen hübschen und sinnlosen Dingen zum Beispiel einen Türknopf mit dem Gesicht des Zeus, nur so als Zierde. Ich glaube aber nicht, dass Sie zu dieser Klientel gehören, also hat der Griff bei Ihnen nur eine Funktion, Sie sollen ihn angreifen.
Nun ist es an der Zeit die Dinge zusammenzuführen, Türknauf und Hände. Falls dieser Text bisher etwas unklar war, so will ich nun nachbessern.
Ein Schlüssel ist zum Sperren, und ein Türgriff ist zum Greifen und

„Türherziehen."
Der Schlüssel steckt bereits im Schloss und Sie müssten nur kurz daran ziehen, um die Tür zu schliessen, aber, wenn es noch so bequem ist:
Machen Sie nie den Fehler und ziehen mit dem Schlüssel die Tür zu, er wird abbrechen. Vielleicht nicht beim ersten Mal, auch nicht beim zweiten Mal, aber irgendwann geht es Ratsch! Und der Schlüssel ist abgerissen.

Sie wollen Eindruck schinden? Naja, denken Sie an die Folgen
Natürlich sieht das unheimlich perfekt aus, und Sie können sicherlich Ihre Nachbarin beeindrucken, wenn Sie schnittig mit einer Hand ziehen und drehen, aber denken Sie an die möglichen Folgen! Ein Sekundenbruchteil zu früh gedreht und der Schlüssel ist ab.

Lösung:

Also: Mit einer Hand die Tür am Knauf zuziehen und mit der anderen Hand den Schlüssel drehen. Dann kann nichts passieren.

Der Wind - Der beste Freund des Schlüsseldienstes

Jetzt hat mir der Wind die Tür zugeschlagen!
Schon mal passiert? Ärgerlich gelt? Das kann schnell gehen, überhaupt, wenn es bei Ihnen zieht wie in einem Vogelhaus. Hinten in der Wohnung ist ein Fenster gekippt, die Terrassentür ist ebenfalls weit geöffnet, nun gehen Sie nur einen Sprung aus der Wohnung raus, um die Post zu holen, oder die Zeitung reinzutragen

(oder was Sie sonst vor der Tür tun wollen). Glauben Sie im Ernst, der Wind weiss das nicht? Und wie er das weiss! Der Sturm wartet doch nur darauf Ihnen die Tür vor der Nase zu zuknallen. Wahrscheinlich arbeitet der Wind mit dem Schlüsseldienst zusammen und holt sich nachher Prozente. Fest steht: An windigen Tagen hat der Schlüsseldienst doppelte Auftragslage! Und warum? Weil Sie es zulassen. Tun Sie was dagegen!

Lösung:

Sie können einfach die Fenster schliessen, bevor Sie einen Schritt vor die Wohnung setzen.

Oder Sie können einen Sessel (Muss kein Sessel sein, kann auch ein Tisch oder ein Koffer sein) dazwischen stellen. Gemeint ist, einen Gegenstand so hinstellen, dass die Tür auf den Sessel trifft und nicht ins Schloss kracht.

Oder Sie könnten (Dieser Tipp ist wahrscheinlich sinnlos, das machen Sie sowieso nicht, aber ich gebe Ihnen den Rat trotzdem), also Sie könnten einen professionellen Aussperrschutz montieren. Ja, das gibt es! Keine Ahnung, wie das genau funktioniert, aber es klappt. Kostet ganz wenig.
Einmal angeschraubt – Nie mehr zugefallen

Nächster Ratschlag: Sie könnten einfach den Schlüssel mitnehmen auf den Weg zur Nachbarin

Oder Sie bleiben an windigen Tagen einfach zu Hause. Das heisst,

Sie warten bis der Wind schwächer wird.

P.S. Wussten Sie, dass der Sturm auch der beste Freund des Dachdeckers ist? Oder glauben Sie ein Dachdecker freut sich nicht, wenn die Ziegel durch Luft fliegen? Aber das erwähne ich hier nur am Rande, ich will Ihnen nur damit sagen, dass viele Leute Freude an Ihrem Schaden haben.

Geisterschloss oder Spukschloss

Nein, nicht das, was Sie nun denken. Obwohl manchmal glaubt man schon an Spuk, denn anders lässt sich diese Art von Missgeschick nicht erklären.

Die Geschichte: Sie wohnen seit 11 Jahren in Ihrer Wohnung und benutzen immer nur ein Schloss, das beim Drücker (das Hauptschloss). Oben an der Tür ist noch ein Schloss. Das war schon immer da. Sie haben es nie beachtet. Schlüssel haben Sie auch keinen und Sie kennen auch niemanden, der einen Schlüssel dazu hat. Noch nie wurde dieses alte Schloss benutzt oder verwendet. Noch nie, seit Sie dort wohnen. Wozu auch? Dann passiert es, das Unglaubliche! Eines Tages kommen Sie von der Arbeit (oder vom Vergnügen) nach Hause, und freuen sich auf „Tatort" (Naja, das glaube ich weniger, aber man weiss ja nie) und stehen wie ein begossener Pudel vor Ihrer Tür. Sie sperren Ihr ein Hauptschloss auf und zu, Sie drehen wie wild am Schlüssel, aber es ist nichts zu machen. Die Tür bleibt zu. Aus unerklärlichen Gründen ist das obere, das unbeachtete Schloss plötzlich und wie aus heiterem Himmel zugesperrt. Niemand weiss wieso. Niemand hat einen Schlüssel, niemand wohnt ausser Ihnen in dieser Wohnung. Trotzdem ist das Schloss zu. Warum das so ist, das kann Ihnen niemand auf der Welt erklären. Selbst für eingefleischte langjährige Schlüsseldienst-Mitarbeiter ist dieses Phänomen unerklärlich. Die einzige plausible Erklärung ist die Existenz eines „Zusperrgeistes". Das Beste an diesen Geschichten ist. Die passieren oft.

Also bevor es zu spät ist: Weg mit den Geisterschloss!

Runterschrauben – Zukitten – Lack drüber – Fertig

Och, das alte Schnappschloss

Diese Geschichte ist so ähnlich wie die Geistergeschichte mit nur einem kleinen Unterschied. Sie wussten es. Sie wussten, es kann irgendwann passieren. Die Vorzeichen: Wieder haben Sie ein altes Schloss an der Tür. Wiederum hat kein Mensch einen Schlüssel für das antike Zeugs. Verloren, abgebrochen, verlegt, völlig egal wo der Schlüssel hingekommen ist, weg ist er. Geschickt wie Sie sind, Sie sind ja ein kleiner Handwerker, haben Sie mit einem Klebstreifen, das Teil zugeklebt. Gemeint ist dieser Teil, der in den Türrahmen einschnappt.
Fachausdruck: Falle – im Volksmund Schnapper – in Österreich Schnapperl.
Sie sind natürlich sehr gewissenhaft und haben gleich drei Schichten Klebeband aufgelegt. „So erledigt! Das genügt! Das haltet 100 Jahre!" Nein, das tut es nicht. Nach einigen Tagen, Wochen oder Monaten lockert sich der Klebestreifen und das alte Schnappschloss erledigt seine Arbeit pflichtbewusst und preussisch. Es schnappt zu. Wahrscheinlich zu einem Zeitpunkt, der Ihnen gar

nicht recht ist. Zum Beispiel am 24. Dezember.

Lösung:

Weg damit!

Runterschrauben – Zukitten – Lack drüber – Fertig

Alle anderen, nur Sie nicht

Alle haben einen Schlüssel für das zweite Schloss an der Tür. Alle haben einen Kellerschlüssel. Jeder besitzt einen Garagenschlüssel, oder für den Hinterausgang. Wie gesagt, alle und jeder, nur nicht Sie. Ist auch nicht notwendig, es ist ja immer wer da, der einen Schlüssel hat und Ihnen aufsperren kann, wenn Sie mal ins Lager müssen. Eigentlich immer, nur heute nicht, und ausgerechnet heute müssen Sie in diesen Raum. Wieso ist gerade heute niemand da, es ist doch immer wer da. Offensichtlich nicht! Es ist wie im Leben. Immer dann, wenn man jemanden braucht, ist keiner da.
Glücklicherweise gibt es eine Lösung für dieses Problem. Nachschlüssel, Reserveschlüssel, Kopie. So nennt man das. Manche Leute lassen sich einfach einen eigenen Schlüssel anfertigen. Dann haben sie einen, dann im entscheidenden Moment. Diese Leute können in jedes Zimmer zu jedem Zeitpunkt (natürlich nur die Räume, die denjenigen auch was angehen), denn Sie haben Ihren eigenen Schlüssel. Diese klugen Leute sind unabhängig und

müssen nicht wie Sie den ganzen Tag wie ein aufgeschrecktes Huhn herumlaufen und einen Schlüsselbesitzer suchen. Im Endeffekt finden Sie wahrscheinlich niemanden und müssen den Schlüsseldienst anrufen. Viel Vergnügen!

Lösung:

Rüsten Sie auf!
Gehen Sie in einen Fachbetrieb und lassen sich Ihren eigenen Schlüssel anfertigen. Es ist befreiend.

Sportlich - Sportlich

Als moderner Mensch sind Sie sportlich und laufen gerne mal eine Runde durch den Park. Weil Sie ja so schlank und leicht sind, würde jedes Gewicht unnötig stören. Ganz furchtbar wäre das Gewicht des riesigen Schlüsselbundes. Sie machen sich also die Mühe und geben den Wohnungsschlüssel vom Ring runter. Wahrscheinlich bricht jedes Mal Ihr Fingernagel dabei ab.
Endlich haben Sie sich in die Jogginghose reingequetscht, und die Wohnung abgeschlossen. Jetzt kommt die glorreiche Idee, den Singleschlüssel in die winzige Tasche in die noch winzigere Jogginghose einzustecken. Gute Idee! Sie kommen wahrscheinlich einmal um die Ecke, dann ist der Schlüssel futsch. Den Verlust merken Sie jedoch erst nach Ihrer gewaltigen Runde durch Wiesen und Wälder. Ein Griff ins Täschlein und der Erholungseffekt Ihres

34

Laufabenteuer ist genauso verschwunden wie der Schlüssel. Völlig sinnlos ist es, den Weg nochmals abzugehen, aber Sie machen es trotzdem. Wie gesagt, der Schlüssel ist und bleibt verloren. Sie haben doch nicht wirklich geglaubt, den einzelnen Flachschlüssel wieder zu finden? Was bleibt noch übrig? Nichts ausser der Schlüsseldienst. Super, der kostet soviel wie eine Teilnahme am Iron Man in Hawaii.

Zweite Gefahr

Selbst, wenn alles glatt geht bei Ihren Sportabenteuer und Sie den Schlüssel nicht verlieren, so birgt diese Angewohnheit eine weitere Gefahr. Schwitzend stürmen Sie in die Wohnung und sogleich unter die Dusche (gute Idee), aber Sie haben so viele Endorphine ausgeschüttet, dass Sie vergessen haben den Singleschlüssel wieder zurück auf den Schlüsselbund zu geben. Einsam bleibt der Wohnungsschlüssel zu Hause,....!

Lösung:

Beim Sport:
- Schlüssel um den Hals!
- Schlüssel mit einem Schlüsselband ums Handgelenk
- Schlüssel mit einer starker Klemme anclipsen (gibt es zu kaufen = Schlüsselclips)
- Manche Laufshirts haben extra eine Spezialschlaufe an dem Sie den Schlüssel mit einem leichten Karabiner anclipsen können. Achten Sie beim Kauf darauf!

Single Schlüssel – Die Zweite

„Ich brauch nur einen Schlüssel, für alles. Sperrt Müllraum, Garage, Schranken, Haustor und Wohnung", sagt der coole Yuppie und steckt den Single-Schlüssel locker in die Hosentasche. Als er ihn dann rausnehmen will, ist er weg. Na so was! In diesem Moment ist der Single mit dem Single-Schlüssel nicht ganz so locker mehr. Seine Körperhaltung ist eher verkrampft. Er weiss, jetzt muss er zahlen! Die Horrorrechnung des Schlüsseldienstes ist die Strafe für seine überhebliche Art. Er hat sich seinen altmodischen Freunden so überlegen gefühlt. „Wer hat denn heutzutage noch einen Schlüsselring? Wer hat denn schon eine Schlüsselkette? Glaubst du, ich habe Demenz, ich hänge mir doch nicht den Schlüssel um den Hals!"
Dies waren seine letzten Worte. Eigentlich seine vorletzten Worten, die letzten waren: „ Hallo, sprech ich da mit dem Schlüsseldienst......?"

Tolle Jacke – Leider aus dem Emmental

Die Jacke ist schön, warm und noch immer modern. Ja, aber nur aussen. Das Futter und die Taschen sind schon seit Jahren hinüber. Möchte gerne wissen, wie viele Euromünzen Sie schon in Ihre Jackentasche gesteckt haben und am Abend waren die Münzen entweder irgendwo im Futter (dort kommen Sie nie mehr hin) oder ganz weg. Mist schon wieder zwei Euro verloren. Zwei Euro sind ja schon bitter, wenn sie verloren sind, aber das ist noch nichts gegen den Schmerz den Sie fühlen, wenn Sie in die Jackentasche langen und greifen ins Nichts! Im ersten Moment können Sie es gar nicht glauben, dass es so zieht in Ihrer Tasche, bis Sie verschämt einen Blick draufwerfen. Das was Sie sehen ist ein Schock. Sie sehen Ihre eigenen Finger und das obwohl Sie die Hand in der Tasche haben. Den Schlüssel, den Sie eine Stunde vorher in diese Tasche gesteckt haben, der liegt irgendwo in der U-Bahn.

Lösung:

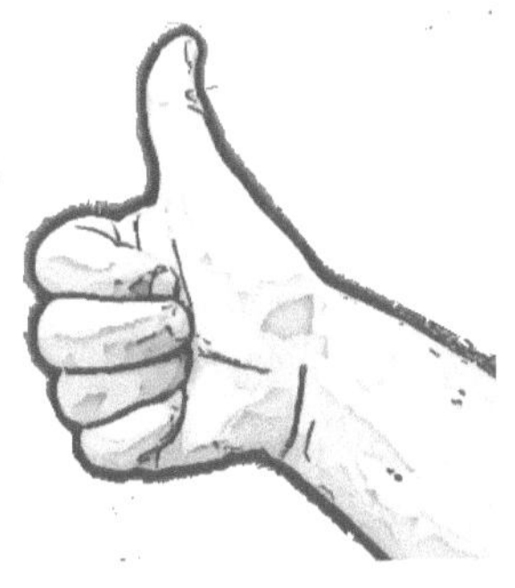

Die Lösung wissen Sie selbst am besten!

Gestohlen wird immer

Zehn Jahr Gefängnis, fünfzehn Hiebe mit dem Stock, Ausgestossen aus der Gemeinschaft oder Hand abhacken – das alles hat in der Geschichte der Menschheit nichts genutzt. Gestohlen wird immer und ewig, im Altertum und in der Gegenwart. Bekanntlich wird alles gestohlen, was nicht niet und nagelfest ist und Gelegenheit macht Diebe. Gut, annageln können Sie sich den Schlüssel nicht, aber Sie können den Dieben die Gelegenheit nehmen. Lassen Sie sich den Schlüssel nicht stehlen!

Ein Schlüssel gehört nicht in eine Handtasche, wenn diese im Kaffeehaus über der Stuhllehne hängt.

Ein Schlüssel gehört nicht in eine Manteltasche, wenn diese beim Arzt an der Garderobe hängt.

Ein Schlüssel gehört nicht in den Rucksack, wenn dieser stundenlang unbeaufsichtigt in einer Ecke herumkugelt.

Ein Schlüssel gehört nicht in die Jackentasche, wenn Sie während der Stosszeit mit der U-Bahn fahren. Ein Schlüssel gehört nicht auf den Autositz, wenn Sie sich ein Eis holen und das Fenster offen lassen.

Ein Schlüssel gehört nicht in die Hosentasche, wenn Sie in der Kaufhaus eine neue Hose probieren und im Verkaufsraum herumstapfen.

Wo noch gestohlen wird, das können Sie sich selbst auch ausdenken. Das heisst, Sie dürfen diese Liste beliebig weiterschreiben.

Lösung:

Aufpassen wo immer Sie auch sind!

Rituale und Massnahmen

Der eine macht ein Kreuz aufs Brot bevor er es anschneidet, der nächste küsst seine Hand bevor er ein Tor schiesst. Viele Tätigkeiten sind ritualisiert und viele Menschen helfen sich damit. Sie glauben, dass Sie ihr Ziel leichter erreichen, wenn Sie eine bestimmte Tätigkeit mit einer fest vorgeschriebenen Handlungen verknüpfen. Oft sind sie selbst der Erfinder des Ablaufes.

Aufhängen

Hängen Sie Ihren Schlüssel IMMER an die selbe Stelle. Das kann ein Schlüsselbrett sein, oder ein Haken in der Wand. Manche Leute schwören darauf einen Nagel direkt in Tür zu schlagen und darauf den Schlüssel zu hängen. Wenn es hilft, warum nicht?
Früher waren die Leute auch klug: Der Kloschlüssel hing immer griffbereit neben der Tür auf einen Nagel. Billig – schnell – effektiv!
Niemand jemals diesen wichtigen Schlüssel verlegt oder vergessen!

Ablegen

Sie müssen den Schlüssel nicht unbedingt an einen Hacken oder an einen Nagel hängen, Sie können ihn auch auf eine Ablage legen. Jedoch sollten Sie den Schlüssel immer auf die selber Stelle legen und diesen Platz niemals wechseln.

Das wichtigste bei dieser Angewohnheit: Legen Sie nichts über den Schlüssel! Auch nicht die Post, oder „nur kurz" die Zeitung. Und schon gar nicht die Werbung, denn die bleibt ja ewig liegen (Wer liest das schon?). Die Gefahr den Schlüssel zu vergessen, weil Sie ihn nicht sehen, ist exorbitant gross.
Die fixe Gewohnheiten erleichtern ungemein das Leben.

Falle (Schnapper) blockieren

Eine kleine Schraube und Sie sind Ihre Sorgen los. Kostet nichts und ist in jedem Haushalt verfügbar. Diese Massnahme ist was für Leute, die nur vorübergehend verhindern wollen, dass die Tür zufällt. Vielleicht ist Ihr kleiner Neffe auf Besuch, oder Sie leiden an einer vorübergehenden Art von Alzheimer. Oder Sie arbeiten an einem interessanten Projekt (z.B Ausmalen oder Tapezieren) und müssen tausend mal die Wohnung verlassen. Jedes Mal den Schlüssel mitnehmen wird ganz schön anstrengend. Also muss eine billige und leicht verfügbare Lösung her, die sofort wieder rückgängig gemacht werden kann. Sie dürfen natürlich diese Massnahme auch als Dauerlösung betrachten, falls Sie ein hoffnungsloser Dauer-Schlüssel-Vergesser sind.

So! Das war's, erledigt!

Sie schrauben von oben ein kleine Schrauben neben die Falle in den Schlosskasten und blockieren diese damit. Fertig – Sorgen los!

Alle Schlüssel beschriften

Gewöhnen Sie sich an, sämtliche Schlüssel in Ihrem Besitz eindeutig zu beschriften oder zu markieren.
Für Schlüssel, welche nicht oft in Verwendung sind bieten sich diese kleinen Namensschilder zum selbst beschriften an. Gibt es in 8456 Farben. Eine wird auch Ihnen gefallen. Auf dieses Schild schreiben Sie dann wo der Schlüssel passt. z.B Schranken – Gartensiedlung, Dachboden – Oma, Segelyacht – Monte Carlo,..

Die Schlüssel, welche täglich in Verwendung sind braucht man nicht zu beschriften, aber eine Markierung kann nicht schaden. Ein paar Lacktupfer (Nagellack, Modellbau-Lack, Reserve Lackdose fürs Auto, irgendwo werden Sie einige Farben zusammen kratzen) auf den Schlüsselkopf, und Sie haben den Überblick. Der mit dem roten Punk ist der für die Wohnung, der mit dem blauen Punk ist der für das Haustor usw. Ein weiterer Vorteil ist, Sie sehen sofort wenn „der Rote" fehlt. Das heisst Alarmstufe rot.

Können Sie keine Farben erkennen, oder wollen Sie nicht mit bunten Schlüssel herumlaufen, dann können Sie eine kleine Kerbe in den Schlüssel feilen. Aber nicht in die Zacken. Feilen Sie in den Kopf. Hier ist der Vorteil, dass Sie auch nachts und bei schlechter Beleuchtung den richtigen Schlüssel sofort in der Hand haben. Man weiss ja nie, manchmal muss man schnell in seine Wohnung.

Ein Blick auf den Schlüssel schadet nicht wenn Sie die Wohnung verlassen

Schlüssel raus und Schlüssel rein

Sie sind ein Mensch, der den Schlüssel innen stecken lässt, wenn Sie zu Hause sind.

Sie wollen die Wohnung verlassen? Gute Idee, irgendwann muss man ja wieder raus.

Aber bitte nur mit Schlüssel!

Dieser sollte mitgenommen werden und nicht innen stecken bleiben. Und um das zu verhindern hilft diese Angewohnheit:

Sobald Sie den Schlüssel innen abziehen – sofort aussen anstecken - und nicht loslassen bis Sie die Wohnung versperrt haben – dann erst abziehen

Lassen Sie Ihren Schlüssel erst wieder los, wenn er aussen steckt!

P.s. Sie wissen was das Wort **sofort** bedeutet?

Probieren geht über studieren

(Ja das steht schon an anderer Stelle in diesem Buch)

Machen Sie sich zur Gewohnheit, dass egal wo auch immer Sie einen Schlüssel übernehmen (Blumengiessen beim Nachbar, Katze füttern bei der Schwiegertochter, neue Wohnung nach dem Umzug, Garagentor Ihres Parkplatzes, Duplikatschlüssel für die Wohnung Ihrer Freundin, Kofferraumschlüssel Ihres Ferraris, Startschlüssel Ihrer Yacht in Montecarlo,....) also egal von wo und vom wem Sie einen Schlüssel bekommen für eine Mission, dann lieber Leser, und das ist ein weiser Rat (Ein Rat, welcher Ihnen eine unvorstellbare Menge an Ärger und Peinlichkeiten erspart): Probieren Sie den Schlüssel:

SOFORT! **Aufsperren – Zusperren – Übernehmen**

Probieren Sie auch den Spezialschlüssel für den Hintereingang des Büros. Ihr Chef überreicht Ihnen endlich nach zehn Jahren harter Arbeit ohne Krankenstand diesen heiligen Schlüssel. Trauen Sie sich und sagen Sie: „Danke Massa, den probiere ich gleich aus!"

Also, um es auf den Punkt zu bringen:
Gewöhnen Sie sich einen fixen Rhythmus im Umgang mit den Schlüsseln an.
Gehen Sie „bewusst" mit den Schlüsseln um, und nicht nebenbei!

Multitasking

Ja, alle wissen es. Sie sind gut, verdammt gut. Im Job, im Sport, privat, Sie können alles und immer und vor allem alles gleichzeitig. Sie können telefonieren und dabei tippen, nebenbei zuckern Sie noch Ihren Kaffee und deuten Ihren Kollegen, dass Sie heute früher gehen werden. Während Sie diese vier Dinge tun, ziehen Sie bereits Ihre Schuhe an und schliessen die Schreibtischlade mit den Knien und lesen Ihre SMS am anderen Smartphone. Das alles ist doch kein Problem, Sie sind ja multitaskingfähig. So nennt man diese Genies heutzutage. Das mag ja alles stimmen, aber als Schlüsseldienstmann sieht man die Grenzen dieser „Alles gleichzeitig Talente". Diese Leute stehen oftmals vor verschlossener Türe ohne Schlüssel. Der liegt nämlich in der Wohnung. Einfach vergessen! Der Multitasker hat nämlich versucht zu telefonieren und sich für die Sportrunde fertig zu machen. Das war zu viel, denn man kann, wie ein altes Sprichwort sagt, nur auf einer Hochzeit tanzen. Also: Entweder Sie quatschen am Handy, oder Sie ziehen sich die Laufschuhe an, oder Sie nehmen den Schlüssel in die Hand und gehen aus der Wohnung. Sie können auch alle drei Dinge tun, aber bitte nacheinander und nicht gleichzeitig! Das wird nicht lange gut gehen. Entweder Sie stehen mit Socken vor der Tür und mit Schlüssel, oder Sie stehen mit Ihren supertollen Joggingschuhen vor der Türe, dafür ohne Schlüssel!

Tipp des Autors: Zum dem Zeitpunkt an dem Sie Ihren Schlüssel in die Hand nehmen, dann tun Sie das, aber sonst nichts. Überlassen Sie Multitasking Ihren PC!

Wunderwaffen

Hier sind geniale und kostengünstige Dinge, die Ihnen den Schlüsseldienst ersparen können. Schämen Sie sich nicht, verwenden Sie das Zeugs. Selbst, wenn manche Utensilien etwas angestaubt sind, na und, was soll`s, wenn es hilft?

Einst Mode – nun Zweck

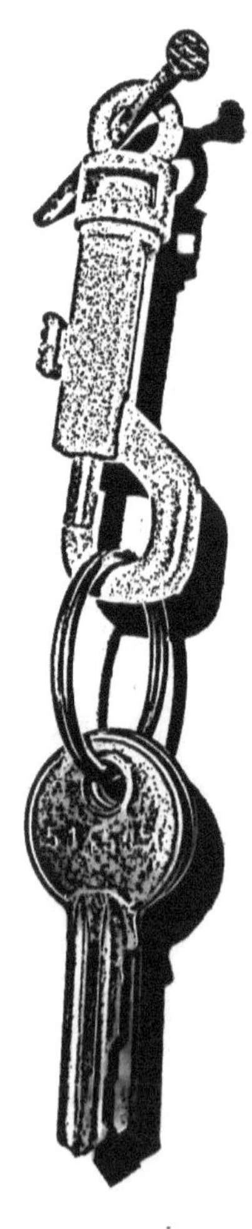

Früher in den Siebzigern und Achtzigern hatte jeder Zweite einen Karabiner an der Gürtelschlaufe mit seinen Schlüsseln hängen. Das hat gut ausgesehen und war definitiv eine schlechte Zeit für den Schlüsseldienst. Langsam kamen die Karabiner aus der Mode und der Schlüsseldienst hatte wieder mehr zu tun. Denn all die klugen Leute, die damals ihre Schlüssel am Karabiner hatten, stecken den Bund nun lose ins Tascherl und verlieren diese nun. Nicht alle, aber viele. Pfeiffen Sie auf die Mode und hängen Sie sich den Schlüssel wieder an einen Karabiner, immerhin hat er sich seit Jahrzehnten bewährt. Ist doch egal, was die anderen denken! Ein Leichtmetall-Karabiner aus der Bergsportszene sieht übrigens sogar so richtig sportlich aus, mit diesem „High Tec" Utensil lässt sich ordentlich Eindruck schinden („Räusperm ja, ja, den Karabiner habe ich vom K2 mitgebracht,...")

Legen Sie Ihren Schlüssel an die Kette

Die Vorteile einer Schlüsselkette sind nicht wegzudiskutieren. Ein Ende wird mit dem Schlüsselbund verbunden, die andere Seite mit einem festen Teil an Ihrer Kleidung. Dazwischen ist eine Kette, und die reisst nicht so leicht ab.

Das bedeutet, ein Verlieren des Schlüssels ist unmöglich, es sei denn, Sie verlieren die Hose. Das ist aber eher unwahrscheinlich. Der Vorteil der Kette liegt auf der Hand: Sie müssen den Schlüssel nicht abnehmen, um die Türe zu öffnen, wie bei Karabiner. Mittlerweile gibt es Ketten in allen erdenklichen Ausführungen und Längen. Von der Voodoo Holzkette über massive grossgliedrige Stahlketten bis hin zur superleichten und bunten Ausführung aus Spaceshuttle – Weltraum – Material. Irgendwas wird auch für Sie dabei sein. Finden Sie nichts passendes? Dann nehmen Sie halt eine Schnur, die tut es auch!

Kellner Schlüsselband

Einzelne Schlüssel, welche öfters in Verwendung sind, kann man in seine Hosentasche stecken, oder immer in der Hand halten, das ist richtig. Bis der Minischlüssel aus der Hose rausfällt, oder Sie das kleine Ding irgendwo hingelegt haben. Natürlich haben Sie vergessen wohin. Für diesen Zweck gibt eine fantastische Erfindung: Das Kellner-Schlüsselband. Unschwer herauszufinden, warum es diesen Namen trägt. Es ist eine kleine selbstaufrollenden Trommel, welche aussen auf Ihrer Kleidung angeclipst wird. Am anderen Ende der starken Kunststoffschnur kommt der Schlüssel hin. So haben Sie den Schlüssel immer bei der Hand, die Schnur ist lang genug, um bequem aufsperren zu können und danach zieht ihn die starke Feder wieder zurück.

Das Schlüsselband

Sie müssen nicht an Demenz erkrankt sein Jahre sein, um den Schlüssel um den Hals zu tragen. Es ist auch nicht notwendig, ein Schlüsselkind zu sein. Es wurden schon vor Gesundheit strotzende Sportler gesehen, die auf diese Art und Weise ihren Schlüsselbund transportieren. Auch Leute, die ihre Schulzeit seit langer Zeit hinter sich haben, laufen so herum. In den letzten Jahren hat sich das Schlüsselband weit verbreitet und auch optisch weiter entwickelt. Vom sauteuren Designerband bis zum kostengünstigen Baumarkt-Schlüsselband gibt es unzählige Ausführungen in sämtlichen Längen, Breiten und Farben. Für den Geizhals gibt es das Schlüsselband sogar gratis mit Werbeaufdruck irgendeiner Firma. Das kostet gar nichts und erfüllt auch seinen Zweck!

Wo ist der verdammte Schlüssel

Sie kommen heim, geschlaucht und ausgelaugt von Ihrer Arbeit und fetzen Ihren Schlüsselbund irgendwo hin. Nach zwei Stunden Erholung wollen Sie in die Kneipe gehen und greifen nach Ihren Schlüssel. Leider liegt er nicht dort wo er hingehört, denn Sie haben ihn ja quer durch die Wohnung geschmissen und dort ist er auch gelandet, nämlich irgendwo. Dort liegt er noch. Aber wo ist das?

In der eigenen Wohnung ist halb so schlimm

In der Wohnung ist das nicht so furchtbar, wenn Sie Ihren Schlüssel nicht finden können, das schlimmste was Ihnen passieren kann, ist dass Sie für immer in der Wohnung gefangen bleiben. Nach drei vier Tagen werden Sie ihn schon finden.

An einem anderen Ort ist ganz schlimm

Dumm ist die Sache nur, wenn Sie nicht zu Hause sind und trotzdem Ihren Schlüssel verlegen. Orte gibt es viele wo das passieren kann, im Fitnesscenter, in der Gardarobe beim Fussballverein, am Arbeitsplatz, bei der Nachbarin, im Kaffeehaus, Ihnen fallen sicher auch einige Orte ein, an denen Sie nicht eine Woche bleiben können, nur um Ihren Schlüssel zu suchen. Für diese Leute gibt es den elektronischen Schlüsselfinder. Ein kleines High-Tec Gerät wird an Ihren Schlüsselring angebracht. Klatschen Sie nun oder pfeiffen Sie, dann macht das Gerät Piep. Da ist er!

Drücker – Drücker

Es gibt Leute, bei denen ist Hopfen und Malz verloren. Jeder Rat scheint sinnlos und jeder guter Vorsatz wird sofort vergessen. Es gibt eben Leute, die immer wieder vor der Tür stehen und den Schlüssel vergessen haben. Diese bedauernswerten Menschen müssen zu harten Bandagen greifen. Gehören Sie zu dieser Gruppe? Dann lesen Sie ruhig weiter, es gibt ein Licht am Horizont. Die Lösung heisst, Sie müssen Ihre Tür umrüsten! Innen und aussen Drücker, wie Ihre Wohnzimmertür. Dann kann nichts mehr geschehen. Das ganze hat allerdings auch einen Nachteil, Sie dürfen nicht vergessen, die Tür immer zu versperren. Egal, ob Sie zu Hause sind oder nur Semmeln (Brötchen) holen. Zusperren nicht vergessen! Ansonsten hat diese Lösung keinerlei negativen Seiten.

Drehknopf

Einen Drehknopf kennen Sie sicher, kennt jeder. Wenn nicht, dann tut dies dem Autor leid. Sie haben dann eine sogenannte Wissenslücke. Sie gehört ohne Zweifel geschlossen. Ein Drehknopf ist ein Knopf, der sich dreht! Erfüllt den Zweck eines Drückers, ist aber unauffällig. Nicht jeder, der bei Ihrer Wohnung vorbeigeht erkennt diese Mechanik sofort. Früher waren die Dinger optisch irgendwie schlecht gemacht, aber heute muss man schon dreimal hinsehen um einen Drehknopf zu enttarnen, oder probieren. Aber wer macht das? Wer probiert schon bei fremden Wohnungstüren, ob der Knauf fest oder beweglich ist? Jedenfalls kann Ihnen die Wohnungstüre nicht mehr zufallen, wenn Sie einen Drehknopf montiert haben, aussen natürlich! Ins Schloss kann Sie Ihnen schon fallen, aber passieren kann nichts. Sie drehen einfach und sind wieder zu Hause.

Schloss mit Gefahrenfunktion

Das ist ideale Waffe für den notorischen Schlüssel-Innen-Stecken-Lasser. Für Leute, die es sich nicht um die Burg merken können, dass man den Schlüssel abziehen muss bevor man die Wohnung verlässt. Es gibt Einbauzylinder, welche auch aufsperrbar sind, wenn innen der Schlüssel steckt. Manche dieser Spezial-Zylinder lassen sich mit einem normalen Schlüssel öffnen, bei anderen Fabrikaten gibt es einen eigenen „Gefahrenschlüssel" für diesen Zweck. Mit solche einem Schloss ist das Gespenst des Innen-Stecken-Lassen gebannt. Ist Ihre Tür mit einem solchen technischen Wunderwerk ausgestattet, können Sie wesentlich freier Leben.

Zylinderschloss mit Drehknopf

Ideal für den **>Ich-muss-von-innen-zusperren-sonst-kann-ich-nicht-schlafen-Typ<**
Noch ein Drehknopf, aber diesmal ein anderer. Es gibt Schlösser, die haben innen keinen Schlüsselloch sondern einen kleinen (Drehknopf) Knopf. Das ist toll! Sie können von innen zusperren ohne einen Schlüssel, gibt es etwas besseres und bequemeres? Der unschlagbare Vorteil ist sonnenklar: Wer keinen Schlüssel ansteckt, der kann auch keinen stecken lassen! Das heisst, er kann den Schlüssel nicht auf der Innenseite vergessen!
Vergessen Sie die Vorurteile, mit denen solche Dinge behaftet sind (Seniorenschloss, Modell Altersheim, Sargverschluss, und noch

hunderte Bezeichnungen...).
Der Autor hat schon bei Leuten Dreh-Knopfzylinder montiert, die
jünger als 119 Jahre waren. Sie brauchen sich nicht zu genieren,
wenn Sie noch nicht dieses Alter erreicht haben und trotzdem einen
Knopf-Zylinder wollen. Denken Sie an die Vorteile!

Nach welchen Kriterien sucht man einen Schlüsseldienst aus?

Oder welcher Schlüsseldienst ist der richtige für mich?

Es ist passiert! Der Super-GAU ist eingetreten. Was? Naja, the Worst Case, so nennen dies die Angelsachsen. Es kann trotz aller Vorsichtsmassnahmen der schlimmste aller Fälle eintreten. Man benötigt einen Schlüsseldienst! Nichts hilft mehr, niemand ist da, es gibt absolut keine andere Möglichkeit mehr, kein Ausweg ist in Sicht.
Sie sind eine arme Seele, heute ist alles schief gegangen, Sie benötigen einen Schlüsselnotdienst.

Um einen Offenbarungseid zu entgehen, sollten Sie diese Ratschläge beherzigen.

Schreien hilft nicht. Ebenso verhält es sich mit weinen. Überlegen Sie einmal, was soll das helfen, wenn Sie im Haus oder auf der Strasse herumlaufen und kreischen? Finden Sie dadurch Ihren Schlüssel wieder? Springt die Türe wieder auf? Nein, oder? Also lassen Sie es!
Es ist schlimm, wenn man nicht in seine Wohnung kann, das ist richtig, aber dennoch nicht ganz richtig. Sie können ja in Ihre Höhle (Wohnung – hier kommen Urinstinkte hoch), nur halt gerade jetzt nicht. Aber bald dürfen Sie wieder in Ihr sicheres Zuhause, ganz sicher.
Darum bittet Sie der Autor in Ihrem Interesse, aber auch im Interesse der Allgemeinheit:

Egal was passiert:

BLEIBEN SIE RUHIG

Bitte:

BEWAHREN SIE RUHE

Niemals:

WERFEN SIE NICHT DIE NERVEN WEG

Gehen Sie eine kleine Runde spazieren oder setzen sich auf die Stufen. Schliessen Sie die Augen und zählen langsam bis 10. Beruhigen Sie sich, es kann Ihnen nichts geschehen.
So, wenn Sie wieder einigermassen Herr der Lage und Ihrer Gefühle sind können Sie Vorkehrungen für Ihre Rettung treffen. Kontrollieren Sie Ihren Herzschlag, beobachten Sie Ihre Atmung. Wenn sich Ihr Zustand wieder stabilisiert hat, dann sind Sie soweit: Sie können die Sache ruhig und besonnen angehen.

Eindringliche Warnung des Autors:

Instabile Persönlichkeiten können beim „Ausgesperrt" sein, beim „Draussen" stehen, vollkommen durchdrehen. Nicht selten endet eine zugefallene Türe in der Psychiatrie oder gar im Suizid (Kein Witz! Manche Leute hängen sich deswegen auf). Der Zustand des **Nicht-in-seine-Höhle-können** ist oftmals so deprimierend, dass sich tiefe Ängste aus der Urzeit im Bewusstsein breit machen. Die

Ausgesperrten kollabieren und Panik kommt auf. Der Betroffene hat panische Angst in der Dämmerung von einem Säbelzahntiger gefressen zu werden oder vom feindlichen Stamm (die mit dem Knochen in den Haaren) gefangen genommen zu werden und anschliessend in einem grossem Topf gekocht zu werden. Diese Panik trübt gänzlich das Bewusstsein und es kommt zu völlig unrationalem Verhalten. So kommt es zu Fehlhandlungen und falschen Steuerungen im Gehirn. Der Delinquent ist nicht mehr Herr seiner Sinne, die Synapsen sind überbelastet und die Nerven gehen durch. Dieser Zustand treibt den Schlüssellosen zu allerlei Unfug. Der eine hängt sich auf, der andere brüllt ins Telefon, es sei ihm völlig egal, was der Notdienst kostet, er will nur wieder hinein. Der Autor könnte ein eigenes Buch schreiben über diese Fälle (Hat er übrigens gemacht, es heisst Ausgesperrt! Siehe Anhang). Der psychologische Hintergrund ist nicht zu vernachlässigen. Nicht mehr in seine Wohnung können, ist gleich zu setzen mit nicht in Höhle kommen, mit schutzlos sein, mit nicht mehr dazu gehören, keinen Stamm mehr anzugehören, ausgestossen zu sein, ohne Heimat zu sein, obdachlos zu sein und des Nachts Verbrechern oder wilden Tieren zum Opfer fallen.

Es gibt keine wilden Tier mehr

All dies kann Ihnen jedoch nicht geschehen. Die Höhlenzeit ist vorbei und Mammuts sind auch selten geworden in unseren Städten. Das einzige was Ihnen geschehen kann, ist ein Opfer des Schlüsseldienstes zu werden. Ein Opfer eines Notdienstes, der um Ihre Ängste und Sorgen Bescheid weiss und Ihre Verwirrung und Störung ohne jegliche Skrupel und Mitgefühl ausnutzt. Sie können durch Ihre Panik ein fetter Beutebrocken eines mitleidlosen Raubtieres werden, des Schlüsseldienst-Warans, der westliche Verwandte des Komodowarans. Er wittert Ihre Verletzlichkeit über viele Kilometer, bis er Sie aufspürt und mit Haut und Haaren verspeist.

Verhindern Sie das!

Verhindern Sie es in einem Notfall als Beutetier betrachtet zu werden und verhalten Sie sich wie immer, ganz normal. Auf diese Weise werden Sie vom Schlüsseldienst Raubtier nicht bemerkt und nicht gefressen.

Wie geht man nun vor, wenn man einen Notdienst braucht? Nochmals: ruhig bleiben!

Ein Fall für die Feuerwehr? Siehe Kapitel Feuerwehr

Eine Warnung!

NIEMALS NACHTS!

Rufen Sie niemals, unter absolut keinen Umständen, egal was passiert in der Nacht einen Schlüsseldienst! Zwischen 24 Uhr und 8 Uhr ist die verbotene Zeit. Falls Sie um diese Zeit ausgesperrt sind, dann warten Sie bis es Tag ist. Setzen Sie sich auf die Stufen, spielen Sie mit Ihrem Handy, gehen Sie ins Nachtkino, oder gehen spazieren. Sie werden doch einmal in Ihrem Leben ein paar Stunden warten können, ohne dass Sie so einen Blödsinn machen und während der **„Abzocker Time"** einen Superraubritter bestellen.

Wenn es wieder hell ist, sieht alles wieder besser aus.

Wenn es wieder Tag ist, sieht die Welt wieder rosig aus.

Verbotene Zeiten

Für Samstag – Sonntag – Feiertag gilt die selbe Regel: Schlafen Sie bei Freunden, bei der Nachbarin, fahren Sie übers Wochenende auf Kurzurlaub, oder sonst was, aber:

RUFEN SIE NIEMALS EINEN SCHLÜSSELDIENST AM WOCHENENDE

Geben Sie den Abzock-Profis nicht zusätzlich Futter!

Warten Sie in jedem Falle bis wieder Werktag ist.

Kennen Sie einen Schlüsseldienst?

Vielleicht haben Sie sich schon mal ein Schloss einbauen lassen von einem Schlüsseldienst und waren zufrieden. Vielleicht haben

Sie sich schon mal ausgesperrt. Gehen Sie wieder hin, rufen Sie wieder an!

Kennen Sie jemanden, der einen Schlüsseldienst kennt?
Hat ein Freund oder Nachbar in jüngerer Vergangenheit einen Notdienst zu Gast gehabt? War er zufrieden? (Bedenken Sie, umsonst kann selbst der sympathischte Mann nicht arbeiten)
Fragen Sie Ihren Nachbarn nach der Telefonnummer und rufen Sie diese Firma an!

Ist in Ihrer Gasse oder in Ihrer Nähe ein Schlüsseldienst? Der sogenannte „Schlüsseldienst am Eck" ist immer eine gute Wahl. Es sollte ein richtiges Gassenlokal sein. Die Firma wird meist vom Chef selbst betrieben, und achtet immer auf seinen Ruf. Der Idealfall ist natürlich, wenn Sie den Inhaber des Ladens persönlich kennen. Noch besser ist, wenn er Sie kennt! Halten Sie Kontakt mit dem kleinen Laden, es lohnt sich in schweren Zeiten. Bereiten Sie sich in „guten" Zeiten auf „schlechte" Zeiten vor, indem Sie sich im Vorfeld nach einem Schlüsselladen in Ihrer Wohngegend umschauen. Gehen Sie hin und reden Sie mit dem Betreiber über sein Geschäftsfeld. Fragen Sie ihn nach seinen Preisen und Arbeitszeiten, insbesondere Sonderdienste, wie Nachtdienst oder Sonntag. Nehmen Sie sich eine Visitenkarte oder Kleber mit seiner Telefonnummer und bewahren Sie diese gut auf, natürlich ausserhalb der Wohnung. Nehmen Sie auch Karten für Ihre Nachbarn mit. Da Geschäftskarten den Hang zum Verschwinden haben ist es eine gute Idee, die Nummer der Firma mit einem Filzstift auf eine unauffällige Stelle in der Nähe Ihrer Türe zu schreiben. Z.B. am Türstock. Anmerkung des Autors: Sie müssen das nicht machen, dem Autor ist das egal! (Der Autor sagt das aus einem bestimmten Grund. Er hat oft kritische Stimmen anhören müssen wie, „Glauben Sie ich krixel mir meine Tür an", oder „Das kommt nicht in Frage, wie sieht das denn aus.") Jedoch werden Sie sehr glücklich sein in einem Notfall die richtige Nummer parat zu haben. Wie gesagt, es ist kein Zwang einen Notfallplan zu haben.

Niemals einen Öffnungsdienst einer Telefonzentrale anrufen. Diese

Firmen sind keine „richtigen" Schlüsseldienste. Sie sind nur Vermittlungszentralen. Ihr Notfall wird einem Schlüsseldienst weiterverkauft. An diesem Service verdienen die Callcenter gehörig mit. Bis zu 80 (!) Prozent wird Vermittlungsgebühr verlangt, und von den Notdiensten auch bezahlt. Im Endeffekt also von Ihnen, denn die Kosten werden an den Kunden weitergegeben. Die Callcenter vermitteln Notfälle an Öffnungsdienste, die bis zu 200 Kilometer Anfahrt zum Kunden haben, nur um die Kosten zu erhöhen. Sie können sich leicht ausrechnen mit welcher Rechnungshöhe Sie als Kunde rechnen müssen.
ACHTUNG: Manche Callcenter inserieren mit falscher Adresse oder ohne Adresse. Das ist möglich seit es die „Anrufweiterleitung" gibt. Funktioniert so: Sie rufen in Ihrer Stadt in der Musterstrasse 12 an, um den Schlüsseldienst zu bestellen. Dort befindet sich jedoch alles nur kein Schlüsseldienst. In Wahrheit wird der Anruf an ein Callcenter nach Hamburg oder Berlin umgeleitet. Von dort aus wird eine Vertragsfirma (Subunternehmen) beauftragt die Ihren Notfall übernimmt und dafür Vermittlungsgebühr bezahlt. Manche Firmen verkaufen diese Aufträge dann nochmals weiter an ein Subsubunternehmen. Ein Vorgangsweise, die nicht gerade als billig einzuschätzen ist.
Darum NIEMALS eine Firma aus einem Telefonverzeichnis anrufen, deren Adresse Sie nicht kennen oder am Telefon nicht genannt wird.

Siehe Kapitel Der kriminelle Schlüsseldienst
Firmen welche falsche Adressen angeben machen sich schuldig in den Vergehen arglistige Täuschung und unlauterer Wettbewerb

Das Problem mit den AAAAA Fantasienamen Schlüsseldiensten

Lieber nicht anrufen!
Warum nicht, wollen Sie wissen?

Weil die Telefonbücher und Telefonregister die Einträge nach dem Alphabet ordnen. Mit anderen Worten bedeutet das, eine Firma der Name mit AAAAA anfängt steht in der Reihung weiter vorne im Telefonbuch als eine Firma mit ZZZZZ. Das ist leicht zu verstehen.

Und wer weiter vorne steht wird öfter angerufen. Deshalb buhlen sämtliche Unternehmen um die vorderen Plätze in Telefonbuch und überbieten sich mit vielen AAA. Der Rekord steht momentan auf 16 (!) As hintereinander. Eine Vorgangsweise, die nicht gerade als seriös zu werten ist. Hinter den AAA Firmen verbergen sich meist Callcenter mit Subunternehmen und Subsubunternehmen. Keine Guten Aussichten für Sie.

Bei den modernen Medien wie z.B, Google sieht es nicht viel besser aus. Die Suchmaschinen kontrollieren die Einträge nicht. Auf diese Weise ist es möglich mit falscher Vorwahl zu inserieren, um Ihnen Ortsansässigkeit und Kundennähe vorzugauckeln. In Wahrheit kann der Anfahrtsweg mitunter hunderte Kilometer betragen – Sie müssen dies bezahlen!
Hände weg von diesen Firmen!

Weitersuchen – Weitersuchen - Weitersuchen
Haben Sie einen geeigneten Schlüsseldienst in Ihrer Nähe gefunden?
Eine Firma, die Sie persönlich kennen, und die vertrauenswürdig ist?
Einen Notdienst, der Ihnen von guter Seite empfohlen wurde?
Sehr gut! Dann kontaktieren Sie dieses Unternehmen, aber mit Vorsicht.

Polizei

Sie kommen nach Hause und die Tür fehlt? Mit Ihr gleich die gesamte Einrichtung Ihrer Wohnung? Alles gestohlen, alles weg? Oder, Ihre Türe ist aufgebrochen, das Schloss liegt daneben?
Sie sehen noch zwei Typen mit Skimasken, die eiligst das Weite suchen... Ein Lastwagen mit Ihrem Flatscreen und Ihrer Stereoanlage auf der Ladefläche entfernt sich von Ihrem Haus?

Einfach gesagt:
Sie haben echten und berechtigten Grund zur Annahme, dass Einbrecher zu Besuch bei Ihnen waren – Dann, lieber Leser, dann sollten Sie die Polizei rufen, und nur dann!
Für alles andere gibt es fast immer eine einfache Erklärung. Alles andere hat meist eine andere Ursache.

Und noch was: Die Polizei ist KEIN Schlüsseldienst!
Nur, weil der Schlüssel nicht sperrt, oder Sie gar keinen mehr haben, oder weil Sie einfach die Türe zugeschmissen haben, ist das noch lange kein Grund die Polizei zu rufen. Die Damen und Herren von der Staatsgewalt geht Ihr Malheur nichts an, aber rein gar nichts.

Vortäuschen ist keine gute Idee
Einen Einbruch oder einen Einbruchsversuch vorzutäuschen, um sich die Kosten des Schlüsseldienstes zu sparen, das ist eine ganz schlechte Idee. Die Beamten haben hierfür kein Verständnis und zeigen jeglichen Missbrauch der Notrufnummer an.
Es gibt zwar den Begriff der Bürgerhilfe oder Bürgerdienst, aber darunter fällt Ihr Anliegen garantiert nicht.
Wenn Ihnen also ein Missgeschick passiert ist, dann stehen Sie dazu und missbrauchen Sie nicht die Polizei! Rufen Sie den Schlüsseldienst! Oder gehen Sie bei Zahnschmerzen oder bei einem Kurzschluss auch zur Polizei?
Nein, also warum bei einem Schlüsselproblem?

Trari – Trara

Die Feuerwehr ist da!

Ein echter NOTFALL?

Wichtige Fragen:

- Haben Sie die Pfannkuchen-Pfanne mit heissen dampfenden siedend heissem Öl auf dem Herd vergessen?

- Dringt Rauch aus der Tür?

- Spielt Ihr fünfjähriger Filius am offenen Fenster im 14. Stock?

- Ihr bettlägriger Verwandter liegt vor Schmerz brüllend in der Wohnung!

- Ihr lieber Verwandter liegt in der Wohnung und röchelt?

- Ein Rohrbruch der Hauptwasserleitung und das Wasser kommt schon durch die Wände?

- Sie haben die Badewanne vergessen und der Badeschaum kommt unter der Tür durch?

- Sie hören Hundegewinsel in einer Dachterassenwohnung bei 38 Grad im Schatten.

- Sie sehen zwei 14 jährige Burschen mit einem Feuerzeug einem Benzinkanister, die sich in einem Lager für Feuerwerksartikel zum Basteln zurückgezogen haben,

- Ein guter Freund (lieber Kollege geht auch noch durch) der sich vor zwei Tagen mit den Worten „Ich mag nimmer, es hat alles keinen Sinn mehr" in seine Wohnung zurück gezogen hat und seit damals nicht mehr gesehen wurde...!

Ist also Gefahr in Verzug?

Dann gibt es nur eine Lösung: Die Feuerwehr muss her!

Was oder wer sonst? Der Schlüsseldienst vielleicht? Das ist jetzt aber nicht Ihr Ernst. Bis der Monteur vom Schlüsseldienst bei Ihnen erscheint, sind vom Haus nur mehr die Grundmauern da, der Rest ist ein Raub der Flammen.

Wahrscheinlich brauchen Sie dann auch keine Rettung für Ihren kranken Verwandten mehr rufen, sondern einen Leichenwagen. Denn so lange kann es dauern, bis sich der Monteur vom Schlüsselnotdienst bei Ihnen zu erscheinen wird, um Ihnen die Tür zu öffnen. Der Schlüsselmann wird Ihre extreme Notlage auch zu schätzen wissen und Ihnen saftige Zuschläge, wie Sofortzuschlag, Gefahrenzuschlag, und und und... aufbrummen.

Jetzt wieder im Ernst:

Diese Liste der Notfälle lässt sich noch lange fortsetzen. Bei sämtlichen Problemen, bei denen Sie schnell und damit ist wirklich schnell (sofort) gemeint, in die Wohnung müssen, dann ist es Angelegenheit der Feuerwehr. Für diese Einsätze ist die Feuerwehr da!

Gefahr in Verzug bedeutet, dass Menschen, Tiere und Sachwerte sich in unmittelbarer Gefahr befinden.

Ist dies der Fall, hat ein Schlüsseldienst nichts mehr zu suchen. Es ist die Angelegenheit der Feuerwehr oder ähnlichen Institutionen.

Lauter Fälle, die garantiert dramatisch enden, wenn in den nächsten Minuten nichts geschieht und, die mit etwas Menschenverstand als >echte< Notfälle zu deuten sind.

Scheuen Sie nicht die Feuerwehr zu rufen! Für diese Notfälle ist die Feuerwehr da!
Bonus am Rand: In den meisten Ländern ist ein berechtigter Feuerwehreinsatz kostenlos!

Eine Warnung:

Lügen Sie die Feuerwehr nicht an! Sagen Sie die Wahrheit! Rufen Sie nur die Feuerwehr, wenn es sich um einen tatsächlichen Notfall handelt. Falls Sie die Feuerwehr anlügen (Beispiel: Sie sagen am Telefon, dass es brennt und es brennt gar nicht), dann ist das eine Straftat. Sie müssen rechnen, eine saftige Strafe zu bekommen. Eine Strafe, die sich gewaschen hat, plus die Kosten für den Feuerwehreinsatz. Da steigen Sie mit dem Schlüsseldienst besser und billiger aus. Denken Sie daran, die Männer von der Feuer merken, wenn es nicht brennt... Die Florianiritter wissen sofort, wenn Sie einen superschlauen Bürger auf den Leim gegangen sind, der sich auf Kosten der Allgemeinheit den Schlüsseldienst ersparen wollte. Die Männer (und Frauen) werden keine Sekunde zögern und einen Lügner anzeigen!

Diese Straftat nennt das Gesetz Missbrauch eines Notrufes und wird mit bis zu einem Jahr Gefängnis bestraft!

So! Jetzt wissen Sie es – also: Immer bei der Wahrheit bleiben. Und halten Sie die anderen Leute nicht für Trotteln.

Das richtige Telefonat - Verpflichtende Auskunft – Fixe Preise

„Guten Abend, hier spricht der Schlüsseldienst!"
Das kann jeder sagen. Wenn Sie das hören, ist Vorsicht angesagt.

Telefonisten einer Schlüsselfirma sind äusserst geschickte Rhetoriker. Lassen Sie sich auf keinerlei Diskussion ein. Die Leute dort sind geschult, ahnungslose Kunden über den Tisch zu ziehen. Versuchen Sie immer Herr des Gesprächs zu sein und weichen Sie niemals von Ihrem Anliegen ab. Die Telefonprofis sind spezialisiert darauf sich nicht festzulegen und dem Monteur immer ein Hintertürl offen zu lassen, um die Rechnung doch noch auf irgendeine Art und Weise in gigantische Höhen zu treiben.

Lassen Sie sich auf nichts ein! Nageln Sie die Firma am Telefon fest!

Im Telefonat müssen sämtliche Aussagen klar und eindeutig sein und nichts darf der Willkür der Firma oder des Monteurs überlassen werden.

Akzeptieren Sie niemals:

- Keine „von – bis" Aussagen
- Keine „Es kommt auf den Einzelfall an"
- Keine „Der Monteur erklärt Ihnen dann den Rest"
- Keine „Es kann noch was dazukommen"
- Keine „Das kann man nur vor Ort genau sagen"
- Keine „Wir sind ein ehrliches Unternehmen"
- Keine „Bei uns wird nach Aufwand verrechnet"

Antwortet eine Firma mit diesen oder ähnlichen Worten, dann können Sie annehmen, Ihr Gegenüber spricht mit gespaltener Zunge und will Sie über den Tisch ziehen.

Im Zweifelsfall: *Auflegen!*

Die erste Stufe des korrekten Telefonats

- Fragen Sie nach dem genauen Firmennamen
- Fragen Sie nach der genauen Firmenadresse
- Fragen Sie nach dem Namen der Person mit welcher Sie gerade sprechen – Stichwort Ansprechpartner
- Weigert sich die Stimme am Telefon Ihnen genaue Antwort auf Ihre Fragen zu geben – sagen Sie höflich auf Wiedersehen! Ende! Es wird sich eine andere Firma finden, ganz sicher.

So! Sie wissen nun den Namen der Firma, den Betriebs-Standort, und mit wem Sie sprechen. Nun können Sie dem Schlüsseldienst einige Auskünfte geben.

Die Gegenfragen:

Wenn Sie nun gefragt werden nach dem Grund Ihres Anrufes, dann schildern Sie Ihren Fall so genau wie es Ihnen nur möglich ist, etwa so:

Mir ist die Türe zugefallen, wohne in einen Neubau, es ist das Hauptschloss, aussen Knopf mit Schutzbeschlag (keine Schrauben), es ist ein Zylinderschloss (kleiner flacher Schlüssel mit Zacken). Es ist nicht zugesperrt, Schlüssel steckt nicht von innen.

Oder: Ich habe meinen Schlüssel verloren. Zwei Schlösser an der Türe. Wohne in einem Altbau mit Doppelflügeltüre. Hauptschloss ist ein eher älteres Modell (grosser Eisenschlüssel mit Bart). Das ober Schloss ist ein neues Modell, etwa 5 Jahre Alt, mit Zylinderschlüssel, aussen ein runder Zylinder, innen ein aufgesetzter Schlosskasten. Beide Schlösser sind zweimal versperrt.

So in etwa sollten Sie es der Stimme am Telefon erklären, seriöse Firmen können mit dieser Aussage etwas anfangen. Im Zweifelsfall wird nachgefragt.

Faustregel:
Je genauer Sie erklären, desto präziser wird die Auskunft des Schlüsseldienstes am Telefon.
Jetzt ist die richtige Zeit gekommen eine extrem wichtige Frage zu stellen:
Verpacken Sie die Frage in eine unerschütterliche Feststellung:

„Sie können meine Tür öffnen ohne die kleinste Beschädigung, können Sie mir das zu 100 Prozent garantieren?"

Für Sie als Kunde darf es nur eine Art von Antwort geben:

- „Wir können Ihr Schloss ohne die kleinste Beschädigung öffnen!"
- „Der Monteur sperrt Ihr Schloss gänzlich ohne Beschädigung auf!"
- „Wir beschädigen weder Tür noch Schloss!"

Das sind die einzigen Antworten, die Sie akzeptieren dürfen. Jede andere Antwort kann ein finanzielles Desaster bedeuten. Vergessen Sie nicht: Sie bestellen einen Schlüsselnotdienst, und keinen Zerstörungsdienst. Ein seriöser Meister-Schlüsseldienst muss in der Lage sein, ein Schloss ohne Beschädigung zu öffnen. Aufbohren können Sie es selbst, dazu brauchen Sie niemanden bezahlen!
Sie haben der Firma genug Informationen gegeben um Ihnen genaue Auskunft zu geben.

Die zweite Stufe des Telefonats

Sie werden nun nach Ihrer genauen Adresse gefragt. Sie können getrost Antwort geben, es ist noch kein Vertrag zustande gekommen.

Jetzt kommt das Essentielle – Jetzt geht es an Eingemachte
Mit diesen neuen Informationen muss der Schlüsseldienst nun in
der Lage sein, Ihnen einen verbindlichen Endpreis zu nennen.

WAS KOSTET DAS?

Die Firma muss einen Preis nennen!

Fällt die Antwort schwammig aus, oder will sich die Firma nicht
auf den Cent genau festlegen und eine „von – bis" Antwort gibt,
dann werden Sie wahrscheinlich erraten, welcher Tipp Ihnen der
Autor gibt. Guten Abend - Gute Nacht, das war`s! Aufwiederhören!

Dritte Stufe des Telefonats

Sie müssen unbedingt klären, ob es der Endpreis inklusive
sämtlicher Gebühren ist. Diese Festlegung ist wohl eine der
wichtigsten während des gesamten Telefongespräches. Lassen Sie
sich auf nichts, aber auf absolut nichts anderes ein, als einen
Festpreis ohne irgendeine Möglichkeit Sondergebühren oder
Zuschläge zu verrechnen. Im Preis für die Öffnung müssen
sämtliche Abgaben und Abgeltungen und Steuern enthalten sein.
Der genannte Endpreis muss ein absoluter Fixpreis sein!

Er muss sein:
- Inklusive Mehrwertsteuer
- Inklusive Anfahrtskosten
- Inklusive Sonderdienstzuschlag (Abend, Samstag, Sonntag,
  Feiertag, Nacht)
- Inklusive Bereitschaft
- Inklusive Fahrzeugkosten
- Inklusive Parkgebühren
- Kurz gesagt: inklusive ALLEM!

Es dürfen keine Zuschläge mehr die Rechnung erhöhen

insbesondere:

- Kein Werkzeugzuschlag
- Kein zweiter Mann
- Keine Steuern
- Keine Telefongebühren
- Keine Verrechnungsgebühren
- Keine Rechnungsstellungsgebühren
- Keine sonstigen gesetzlichen Abgaben
- Kein Treibstoffzuschlag
- Keine Mautgebühren
- Kein Erschwerniszuschlag
- Kein Zeitzuschlag (wenn der Monteur länger arbeitet als er glaubt)

Beharren Sie darauf!
Achten Sie unbedingt darauf, dass die Stimme am Telefon Ihnen wörtlich versichert: „Der genannte Preis ist der absolute Endpreis inklusive aller Gebühren, Steuern und Abgaben! Es kommt nichts mehr dazu", Dies ist der Endpreis" !

Weigert sich die Firma dies sinngemäss zu bestätigen, dann sind Sie auch schon fertig mit diesem Unternehmen, Aufwiedersehen – tüt-tüt-tüt!

Stufe Vier des Telefonats

Konnten Sie bis zu diesem Punkt eine Einigung mit dem Schlüsseldienst erzielen fehlt noch ein wesentlicher Faktor, der Zeitfaktor.

Zwingen Sie die Firma einen konkreten Zeitpunkt oder einen feststehenden Zeitrahmen für das Erscheinen des Monteurs zu nennen.

Es muss heissen:

- „Der Monteur ist um 16 Uhr bei Ihnen in der Musterstrasse 1
- „Zwischen 30 und 45 Minuten ist unser Monteur bei der genannten Adresse. Es ist jetzt 15 Uhr und 25 Minuten"
- „Sie müssen mit einer Wartezeit von 45 Minuten rechnen, dann ist der Monteur bei Ihnen in der Musterstrasse 1, gerechnet an jetzt. Es ist jetzt 17 Uhr und 20 Minuten."

Niemals einlassen auf:

- „Es kann ein paar Minuten länger dauern"
- „Wenn der Monteur im Stau steht, kann es sich verzögern"
- „Es kann vorkommen, dass unser Mitarbeiter bei einem Kunden vor Ihnen hängen bleibt"

Stimmt! Das kann alles passieren, aber das interessiert Sie nicht!
Es ist völlig ohne Belang für Sie, ob der Monteur im Stau steht oder nicht.

Die Firma muss einen fixen und unverrückbaren Zeitpunkt nennen.
Alles andere ist gut für den Schlüsseldienst aber schlecht für Sie!

Stufe fünf des Telefonats

Einigen Sie sich über die Art des Bezahlens
Unseriöse Unternehmen beharren auf Barzahlung.
Lassen Sie sich nicht auf Barzahlung ein!
Bestehen Sie auf eine Banküberweisung!
Der Autor rät Ihnen aus gutem Grund dazu:

Es gibt verbrecherische Schlüsseldienste, die plötzlich an Gedächtnisschwund leiden! Kaum haben Sie die wertvollen Scheine dem Monteur überreicht, kann er sich nicht mehr erinnern daran und verlangt den ganzen Betrag nochmals! Der Halunke ist gefinkelt genug und „vergisst" Ihnen ein Quittung zu schreiben oder auf die Rechnung BEZAHLT zu stempeln. Im schlimmsten Fall müssen Sie den Betrag nochmals zahlen, und das werden Sie wohl kaum wollen.

Besteht der Schlüsseldienst am Telefon auf Barzahlung dann laufen Sie in grosser Gefahr betrogen und abgezockt zu werden. Für seriöse Unternehmen ist eine Banküberweisung ein normaler Vorgang. Die meisten von Meisterhand geführten Schlossereien schlagen von sich aus eine Banküberweisung vor, teilweise aus Sicherheitsgründen, teils aus Verständnis. Wer hat schon einen Stapel Euroscheine im Haus?

Hinweis:
* das Finanzamt erkennt Rechnungen nur an, wenn Sie durch Banküberweisung beglichen wurden. Barzahlungen fliegen aus der Steuererklärung raus.

Die Sache ist für Sie ganz einfach:
Keine Banküberweisung – kein Auftrag!   Tüt -Tüt - Tüt –
Aufwiedersehen!

Stufe Sechs des Telefonats

Bisher alles klar? Bisher alles im Griff?
Erst wenn der Schlüsseldienst Ihre Bedingungen akzeptiert hat, dann ist es soweit:
Sie können einen rechtsgültigen Vertrag abschliessen!
Sie können dann sagen:
„Ich erteile Ihnen den Auftrag! Bitte kommen Sie in die Musterstrasse 1 und öffnen Sie mir die Türe zu den in diesem Gespräch ausgehandelten Konditionen. Weichen Sie auch in nur einem Punkt ab, dann mache ich von meinem Recht Gebrauch und trete vom Vertrag zurück. Ich werde keine Stornogebühren oder Rücktrittsforderungen bezahlen."

Das allerwichtigste am ganzen Telefongesprächs:

Ohne Zeuge geht gar nichts!

Viele moderne Handys haben eine digitale Aufnahmefunktion. Zeichnen Sie das gesamte Gespräch auf. Hat Ihr Telefon keine Tonbandfunktion, dann bitten Sie jemanden als Zeuge des

Gesprächs zu fungieren. Falls Sie das Gespräch mit dem Schlossnotdienst vom Nachbarn aus führen, so haben Sie gleich einen glaubwürdigen Zeugen.
Schalten Sie den Lautsprecher auf Ihrem Mobiltelefon ein, so kann Ihr Zeuge jedes Wort des Schlüsseldienst mithören und notfalls vor Gericht beschwören!

Die Wartezeit ist um

Hurra, der Schlüsseldienst ist da

Endlich trudelt der Schlüsselnotdienst bei Ihnen einen. Jetzt beginnt die kritische Phase. Ab nun heisst es "erhöhte Aufmerksamkeit"- Ab nun müssen Sie jeden Schritt und Tritt des Monteurs genau beobachten. Einige betrügerische Schlüsselfirmen rücken mit zwei Mann an. Das kann Ihnen aus zwei Gründen egal sein.
Erstens: Nach dem Gesetz muss der Einsatz eines zweiten Monteurs begründet sein und dieser muss nur bezahlt werden, wenn es die Umstände und die Art des Einsatzes unbedingt erfordert.
Zweitens: Es kann Ihnen grundsätzlich egal sein, viele Monteure eingesetzt werden. Sie haben einen unverrückbaren Vertrag abgeschlossen und einen absoluten Fixpreis vereinbart.

Egal was Ihnen der nun der Schlüsseldienst-Monteur erzählt und völlig egal wie lange er auf Sie einredet machen Sie jetzt keinen Fehler:

UNTERSCHREIBEN SIE NICHTS

Er wird versuchen Sie zu überzeugen den Zettel zu unterschreiben mit der Begründung es sei ein Auftragsformular, eine Arbeitsauftrag oder eine Zeitbestätigung. Das alles ist möglich, aber für Sie ohne Bedeutung und gefährlich. Egal wie geschickt der Schlüsseldienst-Mitarbeiter argumentiert:

UNTERSCHREIBEN SIE NICHTS

Der Mann wird hart bleiben und Ihnen androhen sofort wieder zu verschwinden. Er wird Ihnen sagen, dass er auf der Stelle wieder wegfährt und Sie mit Ihrem Problem allein zurück lässt. Er wird sagen: "Wenn Sie das nicht unterschreiben, dann kann ich Ihnen nicht die Tür öffnen."

Bleiben Sie hart!

UNTERSCHREIBEN SIE NICHTS

Wenn der Typ wieder fährt, dann hatten Sie riesen Glück. Er war garantiert ein Abzocker übelster Sorte. Er wollte mit Ihrer Unterschrift nur ein gerichtverwertbares Schriftstück erlangen, um Sie zu einer Zahlung in fürchterlicher Höhe zu verdonnern.
Weshalb sollten Sie ein Schriftstück unterzeichnen, ohne es in Ruhe gelesen zu haben, oder ohne es einen Rechtsanwalt zur Prüfung gezeigt zu haben. Wer weiss was schon, was auf diesem Zettel alles oben steht. Sie werden doch nicht so dumm sein und einen wildfremden dubiosen Menschen einen nahezu unleserlichen Vertrag in der Dunkelheit des Stiegenhauses unterschreiben, das ganze noch unter Zeitdruck, oder sind Sie behämmert genug? Sollten Sie das wirklich tun, dann wird Ihnen Hiob die schlimmste Nachricht überbringen, die sich nur erdenken können. Sie haben damit Ihre eigene finanzielle Hinrichtung unterschrieben!

Seriöse Schlüsseldienste verlangen keine Unterschrift des Kunden!

Hat Ihr Handy eine Digitalkamera?

Filmen Sie mit!

Dokumentieren Sie den Ablauf des Geschehens. Sie müssen ja nicht herumlaufen wie in Hollywood, möglicherweise lässt sich das unauffällig einrichten, um nicht geheim zu sagen. Im Falle eines Falles sind Sie dann auf der richtigen Seite. Erweist sich der Schlüsseldienst als Verbrecher, dann haben Sie einen Filmbeweis. Einen besseren Beweis gibt es vor Gericht nicht!

Ein Zeuge schadet nie

Selbst, wenn Sie den alles mitfilmen, bitten Sie trotzdem Ihren Nachbarn oder eine andere Person die gesamte Zeit beizuwohnen. Ein Zeuge ist ein Zeuge! Man weiss ja nie, besser ist man hat einen vertrauenswürdigen Zeugen der Geschehnisse an Ihrer Türe.

Lassen Sie sich nichts zerstören

Ist die Türe nur ins Schloss gefallen, dann kann man sie auch wieder aufmachen - Ohne Beschädigung und garantiert!
Dies wurde schon hundert Mal vor Gericht bewiesen.
Es gibt keinen Grund eine „Nur zugefallene Türe" zu beschädigen, es sei denn der Schlüsseldienst will Sie übers Ohr hauen und abzocken!

Sagt ein Schlüsseldienst zu Ihnen, er müsse das Schloss beschädigen, dann jagen Sie ihn zum Teufel. Er hat es nicht anders verdient. ***Raus mit ihm!***

Das ist noch nicht alles: Auch zugesperrte Schlösser lassen sich von einem Fachmann ohne jegliche Beschädigung aufsperren. Und einen solchen haben Sie ja gerufen, oder? Sonst hätten Sie ja einen Fliesenleger oder Maurer bitten können Ihr Schloss zu öffnen. Mit einer Bohrmaschine kann es jeder. Dazu braucht man keinen Fachmann. Sie müssen und können sich darauf verlassen, dass, wenn Schlüsseldienst drauf steht, auch Schlüsseldienst drinnen ist! Alles andere hat für Sie als Kunde keinerlei Wert. Wenn also der Typ vom Schlüsseldienst anfängt zu fachsimpeln und zu erklären, welch tolles Schloss Sie besitzen und das dieses Wunderwerk nur mit roher Gewalt zu öffnen ist, dann sagen Sie ihm höflich:

Arrivederci!

Auf kaputte Türschlösser hätten Sie heute keine Lust!

Zeigen Sie ihm die zu öffnende Wohnung und lassen Sie den Mann nicht aus den Augen. Seriöse Schlüsseldienst verlangen eine

Legitimation (Ausweis). Zeigen Sie den Mann Ihren Personalausweis. Manche Notdienste schreiben die Daten auf ein Formular und halten es dem Kunden zur Unterschrift hin. Soll er Ihren Namen abschreiben und Ihnen den Wisch hinhalten, aber:

Unterschreiben Sie nicht, niemals!

Hat der Schlüsselmann eigentlich einen Namen?

Im Gegenzug fragen Sie dem Monteur nach seinem Namen. Es ist immer gut zu wissen, wer bei Ihnen die Türe aufgesperrt hat. Schliesslich weiss er Ihren Namen auch, und Ihre Adresse, und wie Sie wohnen.....!

Die eigentliche Arbeit des Schlüsseldienst dauert meist nur einige Minuten. Lassen Sie den Monteur keinesfalls aus den Augen in dieser Zeit.
Sobald die Türe geöffnet ist, gehen Sie hinein und holen Ihren Schlüssel. Denn jetzt kommt eine wichtige Phase. Probieren Sie alle Funktionen des Schlosses!
Aufsperren – Zusperren – bei offener und bei geschlossener Tür. Wenn all dies funktioniert, dann nehmen Sie die Rechnung (Er hat sie bestimmt schon fertig, das geht immer schnell) und entlassen den Mann wieder. Wahrscheinlich kommt nun ein letzter Versuch Sie zur Barzahlung zu überreden. Weisen Sie das zurück. Sie haben einen gültigen Vertrag im Vorfeld ausgehandelt.

Wenn alles zu Ihrer Zufrieden erledigt wurde, und nichts zerstört, dann können Sie den Betrag am nächsten Werktag überweisen.
Falls es nicht so war, und die Rechnung überzogen wurde, oder das Schloss beschädigt wurde, oder sonst was nicht in Ordnung, dann lassen Sie sich von einem Rechtsanwalt oder von der Verbraucherzentrale beraten, bevor Sie zahlen!

Wie kommt denn DER daher?

Ein Schnapsfahne schlägt Ihnen entgegen. Ein Rülspser hallt durch Stiegenhaus. Die Winde wehen hinter dem schmuddeligen Typen mit der durchgewetzten Cordhose. Diese dunkelbraune Opahose steht vor Dreck und ist fast bis zu den Kniekehlen hinunter gerutscht. Auf diese Weise bietet Sie Ihnen Einblicke in Regionen, die Sie unter keinen Umständen erforschen wollen. Einen Rasierapparat hat das haarige Gesicht seit Wochen nicht mehr berührt, und die fetten strähnigen Haarreste kleben bis zu den Schultern auf dem grindigen Kopf. Mit dem Zahnarzt steht der Kerl auf Kriegsfuss, das ist auch der Grund, warum er sein dem gesetzlichen Pflichtschulabschluss jeglichen Kontakt mit dem Dentisten vermieden hat. Die zugehörigen Artikel, wie Zahnpasta und Zahnbürste, sind ein Teufelswerk und wurden vor Jahren verbannt. Wasser und Seife, beides kennt der Mann nicht, deshalb kann er es auch weder kaufen noch benutzen. Weder das eine, noch das andere, in Kombination schon gar nicht. Die runden Enden der klobig dicken von Nikotin gelb gefärbten rauhen Wurstfinger werden abgegrenzt mit bis auf die Wurzel abgefressenen Fingernägel unter denen sich kiloweise der jahrelang aufgestaute Dreck seine Ränder zieht. Braun-blau-graue löchrige Zwirnsockenreste stecken in ausgelatschten eingerissenen und aufgeplatzten Sandalen, die notdürftig mit Schnüren und Gummibändern zusammen gehalten werden, Einige Zehen lugen durch den Socken durch und gelbe Schwerter ziehen alle Blicke auf sich. Schweissränder der letzten Monate mitsamt einigen Mittagsmenüs kleben auf dem ärmellosen Rudertrikot, welches seit gut vierzig Jahren aus allen Verkaufsregalen rigoros verbannt ist. Die deftig salzige Duftnote der mächtigen triefend nassen Achselbuschen vermischen sich mit dem Muffelgeruch der Kleidung und der zarten Urinnote seiner fleckigen Hose, auf der es seit Jahren keinen funktionierenden Reissverschluss mehr gibt. Das Auto wird nur durch den Dreck zusammengehalten und niemand ist mehr in der Lage festzustellen, welche Farbe oder welche Marke diese fahrende völlig zerbeulte Rostschüssel einst war. Das infernalische Knattern des abgerissenen Auspuffs wird von der Bevölkerung der Stadt nicht bei vollem Bewusstsein vernommen, denn deren Aufmerksamkeit ist durch den pechschwarzen öligen Dieselruss, den die Karre verbreitet ohnehin getrübt. Beim Einparken auf dem Behindertenparkplatz zeigt er Ihren Nachbarn den Stinkefinger und brüllt die spielenden Kinder mit „Verpisst euch!" an. Die nette Dame, die den Rüpel auf den Umstand mit dem Versehrtenparkplatz aufmerksam machen will, bringt er mit „Schnauze Oma, schon `nen Platz am Friedhof?" zum Schweigen. „Tach! Ich bin der Schlüsseldienst! Du hast mich angerufen, was willst du?", lallt und nuschelt der Ungustl in sich hinein und vermeidet jeglichen Blickkontakt.

Nein, nein, so geht das nicht
„Ich habe nicht angerufen, so einen Menschen habe ich sicher nicht angerufen," sagen Sie und denken sich. >Das kann ja wohl nicht wahr sein, auf diese Servicekraft kann ich getrost verzichten. Einen stinkenden furzenden und ungepflegten Fiesling lasse ich nicht an meine Wohnung!<

Tipp des Autors:
Schicken Sie das Individuum wieder dorthin zurück wo es hergekommen ist. Das haben Sie nicht notwendig.
So viel Wertschätzung sollte ein Schlüsseldienst dem Kunden gegenüber aufbringen, dass er seine Mitarbeiter nicht als Sandler (Penner) herumlaufen lässt.
Achten Sie auf das Auftreten und das äusserei Erscheinungsbild der Firma und speziell des Monteurs:

- Saubere DIENSTKLEIDUNG mit Firmenname
- Saubere Erscheinung: Haare – Gesicht – Hände
- Ordentliche Umgangsformen: Grüss Gott (Guten Tag) – Auf Wiedersehen
- Ordentliche Werkzeugtasche

- Allgemein gepflegtes Aussehen
- Freundlich
- Höflich
- Gepflegtes sauberes Fahrzeug
- Ordentliche Beschriftung
- Zuvorkommendes Verhalten
- Jeder Mensch hat das Recht auf ein ordentliches gepflegtes höfliches Gegenüber!
- Und jeder Dienstleister hat die Pflicht seinen Kunden sauber ordentlich und höflich gegenüber zu treten.

Alles andere müssen Sie nicht akzeptieren. Pfui! Adieu!

Es muss nicht gleich ein Einbrecher sein

Sie kommen spät nachts nach Hause, wollen Ihren Schlüssel ins Schlüssel stecken, da durchfährt Sie ein Schock!
Der Schlüssel geht nicht rein. Sie werkeln und wackeln, Sie fummeln und drücken- keine Chance. Der Schlüssel weigert sich. Und irgendwie fühlt sich das Schloss so „hart" an. So als ob ein Gegenstand im Schliesszylinder stecken würde. Es ergreift Sie ein Schock: Einbrecher! Ein Einbrecher war da!
Kann sein, muss aber nicht. Das ganze Malheur hat in den meisten Fällen ganz banale Ursachen.

Ohne Schmier geht nix

Die häufigste Ursache ist ein verrostetes Schloss, oder das Öl ist total verharzt und verklumpt. Manchmal hat sich das Fett im Schloss auch in Luft aufgelöst und die feine Mechanik ist trocken. So wie ein Motor Öl benötigt, so braucht auch das Schloss Schmierung. Bedenken Sie, der Zylinder ist manchmal Wind und Wetter ausgesetzt, und das über Jahre. Im Stiegenhaus staubt es, weil der Installateur eine Leitung aufgestemmt hat, da verirrt sich schon so manches Staubkörnchen ins sensible Schloss.
Bevor Sie nun Polizei, Feuerwehr, Rettung und den Schlüsseldienst rufen, sprühen Sie dünnflüssiges Kriechöl oder einen Rostlöser Spray in den Zylinder. Irgendwas werden Sie schon finden, vielleicht im Kofferraum Ihres Autos. Nach dem Einsprühen warten Sie einige Sekunden, bis sich die Flüssigkeit verteilt hat und probieren es erneut. Klappt fast immer. Wenn Sie gar nichts finden, dann spucken Sie auf den Schlüssel – geht auch! Was solls`?

Wasser + Kalt = Eis ? siehe Kapitel brrrr ist mir kalt

Der verbeulte Schlüssel

Sie haben einen Schlüsselbund wie ein Gefängniswärter? 30 Stück auf einem Ring? Na, da kann es schon mal passieren, dass ein Schlüssel den anderen in die Mangel nimmt und verbiegt oder staucht. So entstehen kleine Beulen, aber gross genug um den Schlüssel daran zu hindern ins Schloss zu flutschen. Schauen Sie sich den Schlüssel genau an, ob er nicht ein eine Unebenheit hat. Mit eine Nagelfeile lässt sich die Materialverdichtung leicht ebnen. In Zukunft sortieren Sie Ihren Mega-Schlüsselbund aus, dann werden Sie auch weniger Probleme haben. Oder Sie besorgen sich ein Schlüsseltäschchen, indem die Schlüssel einzeln hängen. Dann gibt es keinen Streit mehr zwischen den Schlüsseln.

Der verbogene Schlüssel

Das ist ein ähnliches Szenario, wie das oben beschriebene. Der Unterschied ist nur, dass in diesem Fall der Schlüssel einfach verbogen ist.

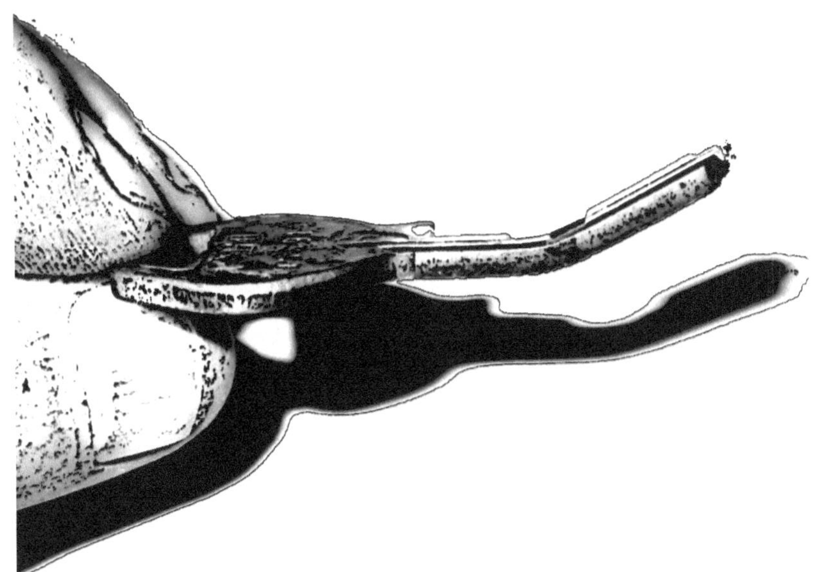

Warum das so ist, das kann viele Ursachen haben. Sie stecken Ihren Schlüssel in die Hosentasche und setzen sich drauf! Selbst, wenn Sie zart beseitet sind, für den Schlüssel kann das zu schwer sein. Er verbiegt sich. Manchmal merken Sie es, weil es sticht, manchmal nicht. Der Schlüssel ähnelt jedoch einer Banane. Dann weigert er sich ins Schloss zu gleiten. Ein Blick auf den Schlüssel und Sie erkennen sofort ob er einen Knick hat. Da gibt es nur eine Möglichkeit: Biegen Sie den Schlüssel gerade--- ABER VORSICHTIG! Sonst haben Sie zwei, allerdings zwei halbe.

Ideal ist das Geraderichten in einem Schraubstock, aber dazu muss man einen Schraubstock haben. Den werden Sie ja nicht immer bei sich haben. Daher bekommen Sie einen Alternativtrick: Am leichtesten geht das indem Sie den verbogenen Schlüssel auf einer ebene Fläche (Steinstufe, Fensterbank...) auflegen und mit einen Hammer (Schuhabsatz, Bierflasche...) flach klopfen. Aber vorsichtig!

Mit den Fingern ist das nicht so einfach, Sie biegen sonst zu stark, das Material gibt nach und der Schlüssel bricht.

Sind Sie überhaupt bei der richtigen Tür?

Eine dumme Sache, aber auch das passiert mehr Leuten als man glaubt. Sie werden jetzt sagen, „Na das gibt es ja nicht!" Aber bitte glauben Sie dem Autor. Dieses Missgeschick ereignet sich wirklich oft.

Sie stehen einfach vor der falschen Wohnung! In modernen Wohnanlagen sehen die Stockwerke und Türen verdammt gleich aus, und viele Mieter verzichten aufs Namensschild. Auf die Türnummer achtet man nach einigen Monaten oder Jahren überhaupt nicht mehr. Und so passiert es. Sie steigen im falschen Stockwerk aus, weil Sie im Fahrstuhl geplaudert haben und gehen zweimal um die Ecke, so wie jeden Tag. Mit einem kleinen Unterschied: Sie haben sich im Stockwerk geirrt und stehen vor der Tür der Familie Schöller, das ist ja recht nett, aber Sie heissen anders.....!

Also, bevor Sie Polizei, SEK und Bundesgrenzschutz alarmieren, weil ein Einbrecher bei Ihnen war, kontrollieren Sie nochmal genau die Adresse.

Ist es der richtige?

Der Schlüssel ist gemeint. Hier liegt ebenfalls eine häufige Fehlerursache. Es ist einfach der falsche Schlüssel. Vielleicht sind Sie einem Scherzkeks auf dem Leim gegangen? So manch Kollege findet es unheimlich witzig, wenn er in einem unbeobachtet Moment die Farbkappen auf Ihrem Schlüsselbund vertauscht (blau mit rot und umgekehrt). Sie stehen nun vor Ihrer Tür und wollen mit dem „Roten" aufsperren, dieser ist in Wirklichkeit jetzt der „Blaue".

Probieren Sie alle Schlüssel durch!

„Bitte würden Sie mir meinen Gummibaum nächste Woche giessen? Ich fahre auf Kur!" Ein häufige Bitte des Nachbars. Mit diesen Worten überreicht er Ihnen den Schlüsselbund für die Wohnung. Aber ist es auch der richtige? Da hilft nur eines: Probieren geht über studieren!   Probieren Sie sofort!

Rein geht er – aber nicht mehr raus – auch nicht besser

Brrrrr ist mir kalt

Auch ein Schloss kann einfrieren. Welche Ursache dies hat, das können Sie sich ja denken, oder wenn Sie es nicht wissen, dann fragen Sie einen Physiker.
Jedenfalls kommt es hin und wieder vor. In diesem Fall gibt es zwei Szenarien:
Entweder der Schlüssel geht überhaupt nicht ins Schloss, oder er geht hinein, aber nicht mehr raus.
Warum der Schlüssel in ein eingefrorenes Schloss rein geht, wollen Sie wissen? Weil der Schlüssel warm ist und die hauchdünne Eisschicht im Zylinder für eine oder zwei Sekunden auftaut. Das Metall ist jedoch derart kalt, dass das aufgetaute Wasser hinter dem Schlüssel sofort wieder zu Eis erstarrt und den Schlüssel gefangen nimmt.
Im besten Fall lässt sich der Zylinder drehen und die Tür sperren, aber Sie können den Schlüssel nicht mehr herausziehen.

Lösung:

Enteiserspray: Vielleicht haben Sie eine Dose im Kofferraum oder Sie borgen sich eine kurz beim Nachbarn aus. Enteiserspray ist eine gute „Zwischenlösung" denn es schmiert auch gleich den Schliesszylinder als Nebeneffekt. Aber nur kurzdristig, auch hier ist Vorsicht geboten: Das Zeug verklebt relativ schnell. Sie müssen sofort nach der Behandlung mit dieser chemischen Flüssigkeit das Schloss mit dünnflüssigem Kriechöl reinigen und schmieren.

Föhn: O.K. Das war ein schlechter Tipp. Sie haben keinen zur Hand. Ein Feuerzeug tut gute Arbeit. Zehn Sekunden den Schlüssel anwärmen sollte genügen.

ACHTUNG! Verbrennen Sie sich nicht die Finger am heissen Schlüssel.

Der kriminelle Schlüsseldienst

Wie in jeder Gesellschaft und Branche gibt es natürlich auch in der Schlüsseldienstbranche echte Verbrecher. Es hat handelt sich um richtige Kriminelle, die sich das Metier Schlüsselnotdienst als Geschäftsfeld ausgesucht haben, um ihre dunklen Machenschaften nachzugehen. Im Grunde genommen sind es die selben Charaktere und Typen, die uns überall begegnen können. Mit etwas Fachkenntnis kann sich der Kunde einigermassen vor diesen Verbrecher schützen.

Bei manchen der folgenden Delikte handelt es sich im strafrechtlichen Sinn nicht um Verbrechen, sondern um Vergehen. Für Sie als Kunde spielt das jedoch keine grosse Rolle. Es wird daher auf eine Unterteilung verzichtet. Wie der genaue Gesetzestext lautet, das müssen Sie selbst nachschlagen.

HAFTUNGSAUSSCHLUSS

Achtung! Viele Delikte überschneiden sich und eine genaue Trennung ist nur sehr schwer möglich. Selbst lang gediente und erfahrene Juristen sind oftmals nicht in der Lage eindeutig zwischen verschiedenen Straftaten zu unterscheiden. Beispiel: (Benzin)Diebstahl oder (Tank)Betrug. Hier ist die Grenze verschwommen und jeder Richter kann es anders sehen.

Es handelt sich bei unterer Zusammenstellung nur um eine ungefähre Einteilung und hat keinerlei juristischen Wert. Der Autor weist explizit darauf hin, dass er von Recht und Gesetz absolut Null Ahnung hat. Wie soll ein Schlossermeister alles ganz genau wissen, wenn sich Richter und Anwälte streiten? Wenn Sie genaueres und sich gerichtlich verwertbares Wissen aneignen wollen, dann gehen Sie zu einem Rechtsanwalt.

Der folgende Text kann völliger Blödsinn sein. Der Autor stellt dies hiermit öffentlich fest und niemand kann nach dem Lesen den Autor zur Verantwortung ziehen (vorher auch nicht).

Nötigung

Ein beliebtes Delikt ist die Nötigung und weiters die schwere Nötigung. Der Schlüsseldienst-Mann hat seine Arbeit vollbracht und Sie möchten nichts sehnlicher als endlich in Ihre Wohnung gehen. In diesem Moment hindert Sie der Mann am Betreten Ihrer Wohnung. Er stellt sich in Weg, oder er hält Sie am Mantel fest oder, und das genügt schon, er spricht: Entweder Sie zahlen oder ich schmeisse die Türe wieder zu. Wenn Sie nicht bezahlen, dann ziehe ich die Türe wieder zu und gehe.
Er nötigt Sie zu einer Handlung. Das ist verboten!

Sachbeschädigung

Fremdes Eigentum zerstören die schwarzen Schafe der Schlüsselbranche besonders gerne um ordentlich Kohle zu machen. Der Monteur baut sich vor Ihnen auf und erklärt Ihnen, dass Sie das beste und sicherste Schloss der Welt haben. Niemand ist der Lage es ohne Beschädigung zu öffnen. Der Hintergrund seiner Rede ist leicht zu durchschauen. Er will Ihr Schloss und Ihr Türschild, also Ihr Eigentum beschädigen und zerstören, um Ihnen ein neues Schloss, einen neuen Beschlag und manchmal noch mehr zu verkaufen. Schlösser müssen selten bei Öffnungen beschädigt werden, das ist ja auch der Grund warum Sie einen Schlüsseldienst bestellt haben. Ein seriöser Schlüsselnotdienst öffnet ohne Beschädigung. Es verhält sich, wie wenn ein Glaser Ihre Fenster einschlägt, oder ein Mechaniker Ihre Reifen aufsticht.
Die Sache ist ganz einfach: Das Schloss gehört Ihnen und der Monteur macht es kaputt.
Sachbeschädigung ist verboten!

Betrug

Im Volksmund: Wenn Ihnen was versprochen wird, und nicht gehalten wird. Und jetzt kommt der Clou: Derjenige, der Ihnen das

Versprechen gegeben hat, wusste schon vorher, dass er sein Versprechen nicht halten kann. Er hat es nur gesagt, um Ihnen das Geld aus der Tasche zu ziehen.

Beispiele:
1. Ein Schlüsseldienst montiert Ihnen die besten und einbruchsicheren Schlösser der Erde um einen horrenden Preis. "Da kommt keiner mehr rein!" In Wahrheit hat er Ihnen einen billigen Schrott angedreht.
2. Ein Schlüsseldienst verkauft Ihnen Schlösser, die schon bei jemand anderen in Verwendung waren, als neue. (Sehr beliebte Methode)
3. Der Monteur kassiert eine Anzahlung und Weggeld sobald er bei Ihnen erscheint. Er werkelt dann eine halbe Stunde an Ihrer Türe. "Das schaffe ich nicht, Sie müssen wen anderen holen!" kaum gesagt, packt er sein Werkzeug ein und weg ist er. Natürlich mit Ihrer Kohle.
Ob Sie es glauben oder nicht, das hat er schon vorgehabt. Ein Betrüger wie er im Buche steht. Eine besondere schäbige Straftat!

Organisierte Sachbeschädigung

Was tut ein krimineller Schlüsseldienst, wenn er wenig Arbeit hat? Er hilft ein wenig nach. Und das ist in dieser Branche besonders leicht. Der krumme Hund braucht nur eine Tube Superkleber, sonst nichts. Husch, husch geht er ins nächste Haus hinein und der Kleber wird in einige Schlösser hineingespritzt. Rasch noch eine Werbung an die Hauspinnwand geheftet und nichts wie weg. Am Abend dann, nach einem harten Arbeitstag, trifft Sie beim nach Hause kommen fast der Schlag und tausend Fragen werden gestellt. Schloss verklebt! Wer war das? Das war sicher mein Ex! Das war garantiert mein Kollege, oder mein Nachbar, oder, oder, ...! In Wirklichkeit liegt die Lösung näher als man glaubt denn: Zufällig finden die Wohnungsinhaber dann auf dem schwarzen Brett eine Visitenkarte oder einen Aufkleber eines "Sofort - Schlüsseldienstes". So ein Zufall! Da kann man gleich anrufen!
Ein gutes Geschäft für den Halunken. Aufbohren und alle Schlösser

neu montieren, und Sie bezahlen es. Mit etwas Glück entdecken Sie sogar noch die Klebstoffflasche in der Werkzeugtasche des "seriösen" Notdienstes. Gute Idee, aber verboten und ein Aufenthalt im Knast ist dem Verbrecher mehr als sicher!

Wucher

Wer die Notlage anderer ungebührlich ausnutzt, der macht sich des Wuchers schuldig. So steht es im Gesetz. Trotz der Möglichkeit einer freien Vereinbarung eines Vertrags zwischen zwei oder mehreren Parteien hat der Gesetzgeber hier eingreifen müssen und Verträge, die unter Not eines Partners geschlossen werden von der Vereinbahrungsfreiheit ausgenommen.
Im Klartext bedeutet das: Ein Schlüsseldienst, darf sich aus der Not eines Kunden nicht ohne Mass und Ziel bereichern, selbst wenn der in Notgeratene zu einem solchen Vertrag zugestimmt hat.
Gerichte betrachten Rechnungen eines Schlüsselnotdienstes für Wucher, die über dem Doppelten der ortsüblichen Beträge liegen.
Das Delikt nennt man auch Ausnutzen einer Notlage und wird mit saftigen Strafen geandet. Hat ein Notdienst mehr als das Zweifache der anderen Firmen in Ihrer Stadt verlangt, dann ist das Recht auf Ihrer Seite!

Arglistige Täuschung

Wir arbeiten mit der Polizei zusammen
Schlüsseldienst xxxx Bahnstrasse x in 25000 Klöpen

So und ähnlich steht es in Anzeigen der Telefonbüchern. Gut und schön, wenn so inseriert wird, dann muss es auch stimmen. Ansonsten gibt es schnell ein Verfahren vor Gericht. Es ist eine ganz fiese Masche, mit Dingen zu werben die gelogen und erfunden sind. Es ist verboten aus Wettbewerbsgründen eine Adresse in Ihrer Stadt vorzutäuschen, und dann aus 90 Kilometer Entfernung anzufahren. Und wer schreibt, dass er mit der Polizei zusammenarbeitet, der sollte dies auch tun. Sonst gibt es Saures vom Richter. Du sollst nicht lügen!

Besonderer Fall von arglistiger Täuschung

„Bitte unterschreiben Sie hier unten. Ist nur eine Zeitbestätigung. Mein Chef will wissen, wann ich bei Ihnen war." Höflich bittet Sie der Mann vom Schlüsselnotdienst eine „Zeitbestätigung" zu unterschreiben. In Wahrheit ist keine Zeitbestätigung, sondern ein Auftragsformular und eine Verzichtserklärung. Im düsteren Stiegenhaus und aufgeregt wie Sie in dieser Situation sind haben Sie keine Chance, den Zettel durchzulesen. Der Typ hat Sie voll reingelegt und über den Tisch gezogen! Das glaubt er aber nur, denn mit dieser Methode ist im eine Verurteilung mehr als sicher. Eine Vorstrafe wegen arglistiger Täuschung wird ins Register eingetragen. So geht es nicht!

Unlauterer Wettbewerb

- Notdienst von 0 – 24 Uhr
- Alle Öffnungen ohne Beschädigung
- In einer halben Stunde sind wir bei Ihnen
- Preise inkl. Anfahrt
- 20 Mann stehen für Sie bereit
- Wir beschäftigen nur ausgebildete Schlosser
- Meisterbetrieb

Auch bei diesen Texten darf der Notdienst nicht lügen.
Wer 0 – 24 Uhr in die Anzeige schreibt, muss auch Tag und Nacht arbeiten, das ist so. Tut er das nicht, macht er sich strafbar. Braucht ein Notdienst mit solchem Inserat (in einer halben Stunde sind wir bei Ihnen) nun länger als 30 Minuten, oder beschädigt er Ihr Schloss, obwohl er versprochen hat es nicht zu tun, so hat er gelogen.
Den Titel Meisterbetrieb darf nur ein Meisterbetrieb führen, das ist leicht zu verstehen, wird aber immer wieder gerne von ungelernten windigen Schlüsseldiensten angeführt, um sich einen Vorteil zu verschaffen.
Was inklusive Anfahrtskosten bedeutet versteht wohl auch jeder, dennoch wird gerne die Anfahrt extra berechnet!

Auch bei diesen Taten gilt: Strafe muss sein!

Räuberische Erpressung

Endlich ist die Tür offen! Endlich hat der Monteur Ihre Wohnung geöffnet und schreibt die überzogene Rechnung, die er Ihnen mit Genuss präsentiert. Sie werden fast ohnmächtig vor Schock. Mit dieser Höhe hatten Sie nicht gerechnet. Sie weigern sich den Betrag zu bezahlen, da droht Ihnen der gefährlich aussehende Kerl. Mitunter packt er Sie sogar am Mantel (Er will Sie halten, weil Sie ja umzufallen drohen).
„Entweder Sie bezahlen, oder Sie werden es bereuen!"
„Zahlen Sie sonst vergessen ich mich!"
„Sie haben uns bestellt, jetzt bezahlen Sie. Wir wissen, wie man Leute zum Zahlen bringt!"
Eine derartige Einschüchterung des Kunden kann den Schlüsseldienst-Monteur schon mal so 15 Jahre hinter Gitter bringen.

Räuberische Erpressung mit Waffengewalt

Ähnlich Situation wie oben, nur mit einem kleinen Unterschied. Der Schlüsseldienst-Verbrecher schwingt dazu einen Schlosserhammer, während er spricht: „Ein Schlag mit meinem Freund hier, kann ganz schön unangenehm sein. Es ist besser, Sie zahlen!"

Ein sogenannter Kampfhund wird vor Gericht als Waffe gewertet, insbesondere, wenn ein Schlüsseldienstler auf seinen fletschenden und knurrenden Hund zeigt während er Ihnen das Geld abpresst: „Zeus mag keine Leute, die ihre Rechnung nicht bezahlen. Gell Zeus, der letzte Nichtbezahler hat gut geschmeckt?"

Der gewaltbereit Halunke wird genug Zeit haben über seine Tat nach zudenken, dann in den nächsten Jahren auf sechs Quadratmeter.

Die gefährliche Drohung

Zu der räuberischen Erpressung gesellt sich in den allermeisten Fällen noch eine gefährliche Drohung dazu. Besonders, wenn der Verbrecher ihnen körperlichen Schaden androht. Und das tut er ja, wenn er ihnen verspricht, dass sein Schraubenzieher „ordentliche Löcher" verursachen kann.
Mit einigen Weihnachtsfeiern mehr im Knast, kann der Mann garantiert rechnen. Das droht ihm vom Gesetz!

Erpressung

Die Erpressung ist der grosse Bruder der Nötigung. Ihr kleiner dreijähriger Neffe sperrt sich im Bad ein und kann aus eigener Kraft die Tür nicht mehr öffnen. Sie rufen einen Schlüsselnotdienst an, um den kleinen Racker aus seiner Not zu befreien. Die Zeit vergeht, der Neffe weint mittlerweile, endlich trifft der Monteur ein. Aus dem Badezimmer ist aus ein dem Weinen ein lautes kreischendes Schreien zu hören. Sie sind höllisch nervös, der Schlüsseldienst nicht. In aller Seelenruhe packt er Papiere aus und lässt Sie einen Wisch nach dem anderen unterschreiben. Sie tun es. Das Kreischen im Bad wird leiser, es ist nun nur mehr ein Stöhnen und Keuchen zu hören. Der kleine Junge ist offenbar kollabiert und ist in grosser Gefahr, vielleicht sogar in Lebensgefahr. Der Schlüssdienstler bleibt ruhig und meint lapidar: Entweder Sie zahlen vorher, oder ich gehe wieder. „Die Tür bleibt dann zu, und Sie wissen, was das bedeutet!"
Völlig geschockt wissen Sie nicht was geschehen ist. Der Autor weiss es. Sie sind ein Verbrechensopfer geworden. Dieser Schlüsseldienst-Monteur erpresst Sie!

Ihre betagte Mutter liegt hinter der Wohnungstür. Sie ist gestürzt und kann selbst die Wohnung nicht mehr öffnen. Die leise Stimme Ihrer geschwächten Mama können Sie kaum hören. Der eilig gerufene verbrecherische Schlüsseldienst erkennt die Situation sofort. „Mir ist egal, was mit Ihrer Mutter da drinnen los ist, entweder Sie zahlen oder ich setz mich in mein Auto und verdufte." Das hat er sich fein ausgedacht, der liebe Herr, aber leider hat er einiges übersehen. Diese Art Geschäfte zu machen nennt man

Erpressung. Der Richter weiss dieses Verhalten zu schätzen. Der Erpresser darf zehn Jahre Urlaub machen, auf Staatskosten obendrein!

Amtsanmassung

Nicht viele Leute haben diese Mengen von Bargeld im Haus, ein Schlüsseldienst manchmal verlangt. Der Kunde ist jedoch gewillt, eine Anzahlung zu geben und später die Summe gänzlich zu begleichen. Der Schlüsseldienst vertraut dem Kunden nicht (Wie der Schelm denkt, so ist er) und lässt sich einen Computer oder Fotokamera oder sonst irgendeinen Wertgegenstand als Pfand geben. Leider übersieht der Monteur dabei seine Stellung in der Gesellschaft. Nur ein Gerichtsvollzieher darf pfänden. Ein Schlüsselmann ist ja wohl kaum ein korrekter Beamter mit Amtsgewalt!
Zur Erklärung:
Selbstverständlich gibt es im Zivilrecht und unter Privaten die Möglichkeit eines Pfandes. Dies nennt man Pfandvertrag und beide Parteien müssen freiwilligen einwilligen. Genau um diese Freiwilligkeit geht es, denn unter Zwang oder in einer Notlage ist ein Pfandvertrag ungültig.

Wird diese Frage nach einem Pfand mit Nachdruck gestellt so sind wir auch gleich wieder bei der Nötigung, die kommt dann erschwerend dazu!

Aus Pfand wird Raub

Nimmt sich der Monteur selbst den Pfandgegenstand, und das gegen den Willen des Kunden, ja dann ist es ein anderes Verbrechen. Es ist dann Raub, wie es im Buche steht!

Urkundenunterdrückung

Nimmt der Aufsperrdienst einen Personalausweis als Pfand so macht er sich schuldig der Urkundenunterdrückung. Er vergreift

92

sich am Recht der Republik. Und das sieht kein Vertreter des Staates gern.

Unterschlagung

Sie einigen sich mit dem pfändenden amtsanmassenden Schlüsseldienst und geben ihm Ihren neuen Laptop mit. Man will ja keine Schwierigkeiten. Sie einigen sich mit dem Schlüsseldienst, dass Sie zwei Tage später den Pfand einlösen und die Restsumme bezahlen. Da ist nur ein Problem bei der Sache. Der Schlüsseldienst hat erkannt, dass Ihr neues Notebook wesentlich mehr ist, als seine Drei Minuten Arbeit und gibt Ihnen das Gerät nicht zurück. So einfach ist das nicht, wie der Monteur meint. Man nennt dies Unterschlagung, das haben Sie garantiert schon gehört.

Raub

Der Schlüsseldienst-Mann ist fertig mit seiner Zwergenarbeit und streckt Ihnen die Faktura entgegen. Sie zücken Ihre Brieftasche und öffnen Sie. Gerade als Sie einige Geldscheine herausziehen wollen, fällt Ihnen ein, dass Sie heute noch wichtige Medikamente kaufen müssen. Sie brauchen das Geld! Diesen Umstand teilen Sie höflich dem Schlüsselmann mit und bitten ihn um eine Banküberweisung. Den Typen interessiert Ihr Argument nicht, und greift selbst in Ihre noch offene Brieftasche. Dass er dabei Ihre Hand wegstösst und gegen sich Ihren Willen bereichert, das interessiert jedoch den Richter am Strafgericht. Er quittiert diese Selbstbedienung mit einigen Jährchen Zuchthaus. Immerhin nennt man das Raub! Wie sonst?

Diebstahl

Der Schlüsseldienst montiert Ihnen neue Schlösser und Beschläge. Die alten Schlösser werden gerne eingesteckt und mitgenommen, und das ohne Ihre Zustimmung. Sie kennen den Namen dieses Deliktes? Das ist ein klassischer Fall von Diebstahl!
Oftmals sind die gestohlen Schlösser noch sehr gut in Schuss, deshalb werden sie gerne unrechtmässig eingesteckt. So manch

Schlüsseldienst hat damit noch etwas vor. Nicht, dass Sie jetzt glauben, er entsorgt sie ordungsgemäss, nein er hat was besseres damit vor. Er poliert das Zeugs ein wenig auf und baut die gebrauchten Schlösser Ihrem Nachbarn wieder als fabrikneue Ware ein! Das nennt man Betrug und das hatten wir schon.

Hehlerei

Besonders kluge Schlüsseldienste tauschen untereinander oder verkaufen sich gegenseitig die gestohlenen Schlösser, Panzerriegel, Kastenschlösser oder Einsteckschlösser. Jeder Staatsanwalt wird Ihnen bestätigen, dass dieses Geschäftsfeld Hehlerei heisst.

Bildung einer kriminellen Organisation
Wenn zwei Schlüsseldienst-Monteure und die Telefonistin von den rechtswidrigen Taten wissen, dann begehen Sie die Verbrechen gemeinschaftlich. Diese Leute sind dann keine geschickten Geschäftsleute und auch keine Freunde, es handelt sich um eine kriminelle Vereinigung. (Bandenbildung) Solche „Vereine" sind nicht erlaubt. Jeder Richter stellt diesen Mitgliedern gerne einen geeigneten Vereinsraum zu Verfügung, mit Gittertoren!

Gewerbsmässiger Betrug

Einige Schlüsseldienst haben sich gewöhnt daran zu betrügen. Sie machen das täglich. Es ist Teil ihres Alltags geworden, ahnungslose ehrliche Kunden zu betrügen. Leute, die ihnen Vertrauen schenkten werden hemmungslos abgezockt und schäbig betrogen. Diese Firmen leben damit und vor allem leben sie davon. Das bedeutet sie erzielen eine regelmässige Wertschöpfung aus dem kriminellen Verhalten. Das Hohe Gericht kann damit nicht leben, der Schlüsseldienst bekommt sehr schnell einige Jahre Zuchthaus wegen gewerbsmässigen Betrugs!

Besitzstörung

Der Schlüsseldienst-Monteur überreicht Ihnen vor Ihrer Wohnungstür die Rechnung. „Einen Moment bitte, warten Sie, ich hole das Geld!" sagen Sie zum Schlüsselmann höflich und begeben sich in Ihre Wohnung. Drei Sekunden später erschrecken Sie höllisch. Der Typ steht in Ihrem Wohnzimmer oder in Ihrer Küche und guckt Ihnen beim Geldzählen zu. Das geht gar nicht. Es ist Ihre Wohnung und, wenn Sie den oder die Monteure nicht hereingebeten haben, ist das nach unserem gültigen Recht Besitzstörung.

Gerne wird auch ein Fuss in die Türe gestellt, um ein Schliessen zu verhindern. Das ist dann ein Mittelding zwischen Nötigung und Besitzstörung. Ein Staatsanwalt kann Ihnen da genaueres sagen und helfen.

Einbruch

Ein Schlüsseldienst ist kein krisensicheres Geschäft. Das wissen auch so manche kriminell veranlagte Betreiber dieser Schlüsselfirmen. Öfter als Sie glauben, passiert dieses als besonders hinterlistig einzustufendes Verbrechen. Der Schlüsseldienst-Mann montiert fleissig bei Gott und Welt neue Schlösser mit neuen Schlüsseln, auch bei Ihnen. Er übergibt Ihnen zum Abschluss den neuen Schlüssel und die Reserveschlüssel. Soweit so gut, allerdings gibt er Ihnen nicht alle Schlüssel, einen behält sich der Verbrecher. Für welchen Zweck werden Sie sich fragen? Nun, so schwer ist die Antwort nicht. Er plant einen Einbruchsdiebstahl bei Ihnen. Ihr neues teures Schloss nutzt Ihnen reichlich wenig, wenn der Mann, der es montiert hat ein Verbrecher ist und einen Schlüssel zurückbehält.

Der Kontakt zur Unterwelt

Blickt sich ein Monteur bei Ihnen mehr als notwendig um oder löchert er Sie mit intimen Fragen zu Ihren Vermögenswerten, so sollten Sie sich in der nächsten Zeit um besonderen Schutz umsehen. Es kann durchaus möglich sein, dass Sie schon bald Besuch von Einbrecherbanden bekommen könnten. Skrupellose Schlüsseldienste versorgen kriminelle Elemente der Unterwelt gerne mit Insiderinformation. Verkauft werden alle Informationen, die für einen gelungen Einbruch von Bedeutung sind. Interessant sind vorallem, welche Schlösser an Ihrer Türe montiert sind. Gegen Aufpreis wird gleich der passende Schlüssel mitgeliefert!

Vorspiegelung falscher Tatsachen

„Wir haben Ihre Adresse von Ihrer Versicherung erhalten. Um Ihre Prämie nicht zu erhöhen sind Sie verpflichtet Ihren Einbruchschutz zu verbessern! Wir sind die Vertragsfirma der Versicherung!"

Diese und noch tausend andere Sätze lassen sich die Schlüsseldienste einfallen, um Sie zu überreden neue und besonders teure Schlösser montieren zu lassen. Die Idee mit der Versicherungsempfehlung ist eine gute Marketingidee, allerdings strafbar und verboten. Wer mit solchen Geschützen auffährt, der sollte auch wirklich von der Versicherung geschickt werden. Ansonsten gibt es eine saftige Bestrafung!

Solche und noch dutzende Methoden haben sich kriminelle Schlüsseldienste einfallen lassen um an Ihr Geld zu kommen.

Zweiter Teil

Sei dein eigener Schlüsseldienst

So ein Mist, es ist Ihnen tatsächlich passiert!
Ihnen ist die Türe zugefallen, oder Sie haben den Schlüssel verloren. Irgendwann müssen Sie wieder in Ihre Wohnung, das steht fest. Sie wollen oder können den Schlüsseldienst nicht bezahlen? Sie wollen oder können kein Vermögen für einen Notdienst berappen?

Kein Problem! Hier im zweiten Teil dieses Buch ist die Lösung all Ihrer Schlüsselprobleme. Hier wird Ihnen gezeigt wie Sie mit einfachen Werkzeug und einfachen Mitteln wieder in Ihr Nest kommen. Sie werden staunen, wie einfach das möglich ist.
Das Buch ist so gestaltet, dass das benötigte Werkzeug leicht zu beschaffen ist. Mal beim Nachbarn, mal im Baumarkt oder Eisenwarenladen, oder Sie biegen sich schnell etwas zurecht. Der Schwerpunkt liegt auf dem Gebiet „Do it yourself". Die Tricks und Anweisungen sind so gestaltet und ausgesucht, dass sie ohne Einsatz von Spezialwerkzeug von Statten gehen. Es hätte ja keinen Sinn eine Anleitung zu verfassen indem nur die Rede ist von Laserbohrern über Lichtleiterperiskope bis hin zum tragbaren Röntgengerät, es sei denn Sie haben eines dieser Geräte im Keller stehen.

Das Wichtigste – Nicht verzweifeln
Verzweifeln Sie nicht und machen Sie sich keine Vorwürfe, das kann jeden passieren und es ist schon fast jeden passiert. Trauen Sie sich ruhig etwas zu und machen einen auf Handwerker. Sie werden sehen, Sie schaffen das! Denken Sie daran, die meisten Schlüsseldienstleute sind gar keine richtigen Handwerker. Die Typen haben nur eine Latzhose an und spielen gutgläubigen Kunden etwas vor.
Also, Sie werden doch nicht irgendeinen Handwerks-Schauspieler

Ihre wertvollen Euros nachschmeissen.

Die fünf Stufen des „Hilf dir selbst" Programms

- Erste Stufe: Kopf hoch
- Zweite Stufe: Wie krieg ich die Tür auf – den leichtesten Weg suchen
- Dritte Stufe: Werkzeug und Hilfe besorgen
- Vierte Stufe: Selbst ein Schlüsseldienst sein
- Fünfte Stufe: Feiern - geschafft!

FBI – CIA – Geheimdienst

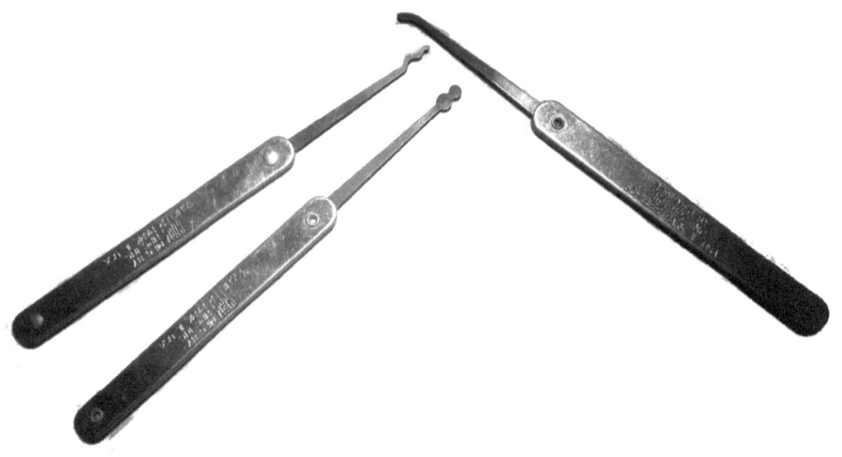

Schon mal ferngesehen? Ja, dann kennen Sie sicher die Polizisten, welche die Wohnung eines Verdächtigen öffnen müssen. Ein Polizist (oder Agent) greift in seine Jackentasche zückt zwei dünne Metallstäbe. Er steckt die Stäbe in das Schloss fummelt und zittert ein wenig auf und ab und hin und her. Sein Kollege zischt schon nervös: „Was ist los! Mach schon! Er kann jeden Moment kommen!" Plötzlich, ganz plötzlich macht der Detektiv ein saudoofes Gesicht, vollzieht noch eine einzige winzige Bewegung mit seinem Superwerkzeug und es macht Klack! „Na endlich! Wurde auch Zeit!" fährt ihn sein Kollege an und die zwei können ihre wichtige Polizeiarbeit verrichten.

Der Autor, der von Fachwelt als aussergewöhnlich begabt, trainiert, feinfühlig und extrem erfahren beurteilt wird, kann mit dem Aufsperrgöttern im Film nicht mithalten. Nicht einmal ein bisschen. Die Typen im Fernsehen sind sowas von gut, das kann man sich nicht vorstellen. Voller Neid blickt auf der Autor die Officers in Fernsehen und hat keinen Schimmer, wo die Fernsehpolizisten diese Fähigkeiten erlernt haben. Offensichtlich ist die Schlossindustrie ebenfalls nicht in der Lage Schlösser zu konstruieren, die einen TV-Kriminalbeamten abhalten können.

Diese Geschichte läuft auf folgendes hinaus. Falls Sie glauben, jemals in Ihrem Leben zwei FBI – Sonden aus dem Brusttascherl zu ziehen und Ihre Wohnung innerhalb fünf Sekunden zu öffnen, dann sind Sie ein gläubiger Mensch, und Sie wissen ja, was beim Glauben das Höchste ist.

Schlossöffnen mit FBI-Sperrwerkzeug? Vergessen Sie es, das geht nicht! Jedenfalls nicht so. Diese Kunst des Schlossknackens ist trainierten Spezialisten vorbehalten und ist nichts für Leute, denen „heute die Tür zugefallen ist".

Ein ehrlicher Tipp des Autors:

Vergessen Sie es!

Die zugefallene Tür

oder

Ins Schloss gefallen

Das ist wohl der häufigste Pannenfall, der einem Wohnungsbesitzer passiert. Deshalb ist es (für Sie) wichtig, sich aus solch einer misslichen Lage selbst befreien zu können. Sie werden Unsummen an Geld sparen!

Sie stehen ohne Schlüssel vor der Tür. Der steckt von innen, oder er hängt am Schlüsselbrett. Ihnen ist was Dummes passiert, Sie haben einfach den Schlüssel in der Wohnung vergessen, als Sie rausgegangen sind.
Kein Grund zum Verzweifeln. In diesem Kapitel erfahren Sie, wie Sie wieder in Ihre Wohnung kommen, ohne grosse Hexerei und ohne sich einen Kredit für den Schlüsseldienst auf zunehmen.
Wichtig ist nur eines: Ist wirklich nicht zugesperrt? Wenn Sie sich ganz sicher sind, dass die Tür nur ins Schloss gefallen ist, dann ist es ein leichtes Spiel. Der Trick funktioniert logischerweise nur bei einer zugefallenen Tür. Ist zugesperrt, dann klappt es nicht. Sie können nämlich einen „Abschneider" nehmen und gleich zu dem Teil übergehen, der Ihnen im Weg steht. Man nennt es die „Falle". Der Schliess-Zylinder muss Sie in diesem Notfall gar nicht interessieren.
Erklärung (für Leute die es nicht wissen, Leute die es schon wissen, können die nächsten Sätze überspringen): Das Zylinderschloss ist der Teil, wo Sie den Schlüssel anstecken. Die Falle ist jener Teil stirnseitig im Falz der Tür, der beim zumachen einschnappt. Dieser Schnappteil steht zwischen Ihnen und der Wohnung. Es geht also darum, dass Sie dieses klein Stück Messing oder Stahl (selten Plastik) soweit zurückdrücken bis die Tür aufgeht.

Mit dem Schlüssel ist das zurückziehen der Falle und damit Öffnen der Tür sehr einfach. Sie haben das schon tausende Mal gemacht, aber wahrscheinlich noch nie bewusst beachtet. Ohne Schlüssel ist das schon schwieriger zu bewerkstelligen, geht aber auch, Sie werden sehen. Es bleibt Ihnen auch gar nichts anderes übrig, es sei denn, Sie wollen kräftig zahlen!

Türschild - Aussen Schrauben?

Sind auf Ihrem Beschlag (Schild) Schrauben zu sehen – Aussen?
Ja oder Nein?
Wenn ja, dann haben Sie leicht. Muss nicht ganz leicht sein, aber es wird auch für einen Menschen mit zwei linken Händen zu lösen sein.

Schritt Eins – Schrauben Sie den Türbeschlag runter. Meistens sind es vier Schrauben, an jedem Eck eine. Manchmal nur drei, oben zwei und unten eine.

Geschafft? Ist der Tür-Beschlag unten? Was sehen Sie? Höchstwahrscheinlich sehen Sie einen runden Stift. Man nennt dieses Teil den Wechselstift. Das Ziel ist klar. Der Stift muss gedreht werden.

Eckiger Wechselstift

Manchmal, wenn man ganz grosses Glück hat, ist dieser Stift eckig. Packen Sie den Vierkant mit einer Zange, und drehen Sie ihn – fertig und offen! Das war es schon. Schild aufschrauben – ganz fertig!

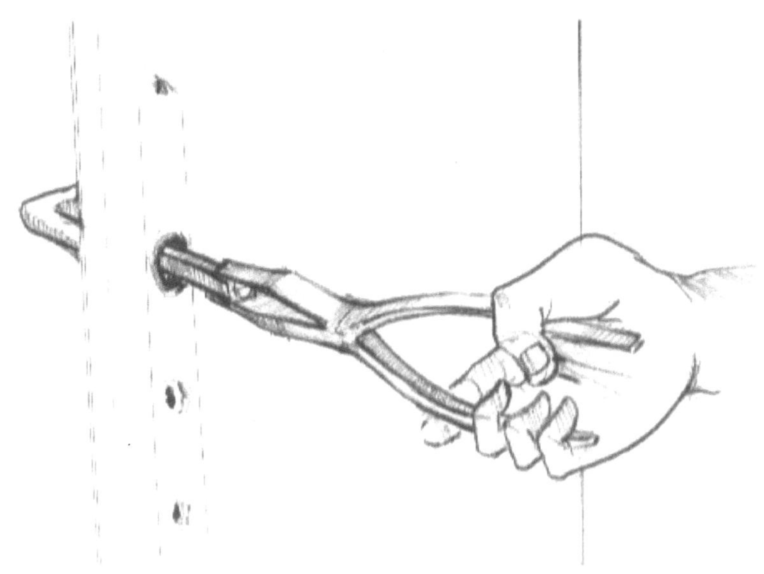

Runder Wechselstift

Ist der Stift rund und abgeschrägt, ist es schwieriger ihn mit der Zange zu greifen. Die Zange rutscht ab. Versuchen sollten Sie es trotzdem. Mit einer flachen Zange den kegeligen Stift packen und drehen. Das kann gelingen, weil öfter mal ein kleines Stück des Konus flach ist, dort findet die Zange halt.

Zange greift nicht?

Nicht verzweifeln! Es gibt Auswege.

Die Kraft-Methode

Ein schneller und einfacher Weg den Stift zum Drehen zu bringen ist ein wenig Kraft an den Tag zu legen. Ein scharfer Schraubenzieher wird schräg auf den Wechselstift angesetzt und mit einem Schlosserhammer darauf geschlagen. Die scharfe Schneide des Schraubendrehers verkeilt sich im Stift und dreht ihn. Überprüfen Sie, ob die Drehrichtung stimmt, sonst klopfen Sie bis Sie schwarz sind.
Es muss nicht unbedingt ein Schraubenzieher sein, ein spitzer

Durchschlag oder ein ähnliches Werkzeug tut es genauso. Wichtig ist nur, dass sich die scharfe Spitze in das weichere Metall das drehenden Stiftes einschneiden kann.

Bohrmaschine

Konnten Sie ein Bohrmaschine besorgen, dann steigen Ihre Chance weiter. Sie müssen sich entscheiden, wollen Sie ein Loch oder zwei bohren? Fangen wir mit einem Loch an. Sie bohren genau in die Mitte des Stiftes ein vier bis fünf Millimeter tiefes Loch. Der Schraubendreher sollte ein klein wenig breiter sein als der Durchmesser der Bohrung, etwa einen oder zwei Millimeter. Sie schlagen den Schraubzieher mit einem oder zwei festen Schlägen in die Bohrung. Der Schraubenzieher beisst sich fest und der Stift lässt sich drehen. Eine primitive Methode, aber wirksam!

Stift total wegbohren

Klappen diese Methoden nicht, bleibt noch immer eine Ausweg. Sie bohren einfach den Stift weg. Erst mit einem 6 Millimeter Bohrer vorbohren. Das heisst Sie bohren mit dem 6er Bohrer etwa 10 Millimeter tief genau in der Mitte des Stiftes ein Loch. Dann wechseln Sie auf einen zehn Millimeter Bohrer und bohren solange bis der Stift den Rückhalt verliert und sich durchschlagen lässt. Es sollte nun eine Vierkantöffnung zu sehen sein. Flachzange oder grossen Schraubenziehen reinstecken und drehen – fertig!
Anschliessend besorgen Sie sich einen neuen Wechselstift im Baumarkt und bauen alles wieder zusammen.

Sind auf der Aussenseite des Beschlags keine Schrauben?

Dann sind andere Methoden gefragt.
Bei diesen Öffnungsmethoden wird der Umstand ausgenutzt, dass zwischen Tür und Türstock ein kleiner Spalt liegt. Ein bis zwei Millimeter genügen schon, und so breit ist der Spalt eigentlich fast immer. Gemeint ist der Spalt auf der Stirnseite der Tür.

Erklärung: Wo ist die Falle? Bei geschlossener Tür ist die Falle natürlich nicht zu sehen. Ideal ist, wenn Sie genau jetzt, wenn Sie diese Zeilen lesen aufstehen und zu Ihrer Wohnungstüre gehen und schauen, wo sich die Falle befindet. Dann wissen Sie im Ernstfall! Nachdem Sie das aber wahrscheinlich jetzt nicht tun, können Sie im Ernstfall beim Nachbarn gucken. Für alle anderen: Die Falle befindet sich etwa zwei Zentimeter oberhalb des Drückers. Von Aussen also zwei Zentimeter oberhalb des Türknopfes.

Mit einem Draht geht es am Besten

Klappt fast zu 100%!

Die Draht-Öffnung ist bei allen Schlüsseldiensten Standard. Sie benötigen dazu sehr wenig Werkzeug, lediglich ein Stück festen Draht. Federdraht eignet sich für dieses feine Öffnungs-Werkzeug am idealsten, aber dieser ist in einer Notsituation schwierig aufzutreiben. Es sei denn, Sie wohnen in der Nähe eines

Baumarktes oder eines Eisenwarengeschäftes. Als Alternative bietet sich eine Fahrradspeiche an. Diese können Sie aus dem Fahrrad heraus zwicken, und später ersetzen. Vielleicht steht in Ihrem Hausflur ein altes Fahrrad oder eine Fahrradleiche herum, aus diesem können Sie ohne Gewissensbisse eine Speiche entnehmen. Das Stück Draht biegen Sie nach unterer Zeichnung.

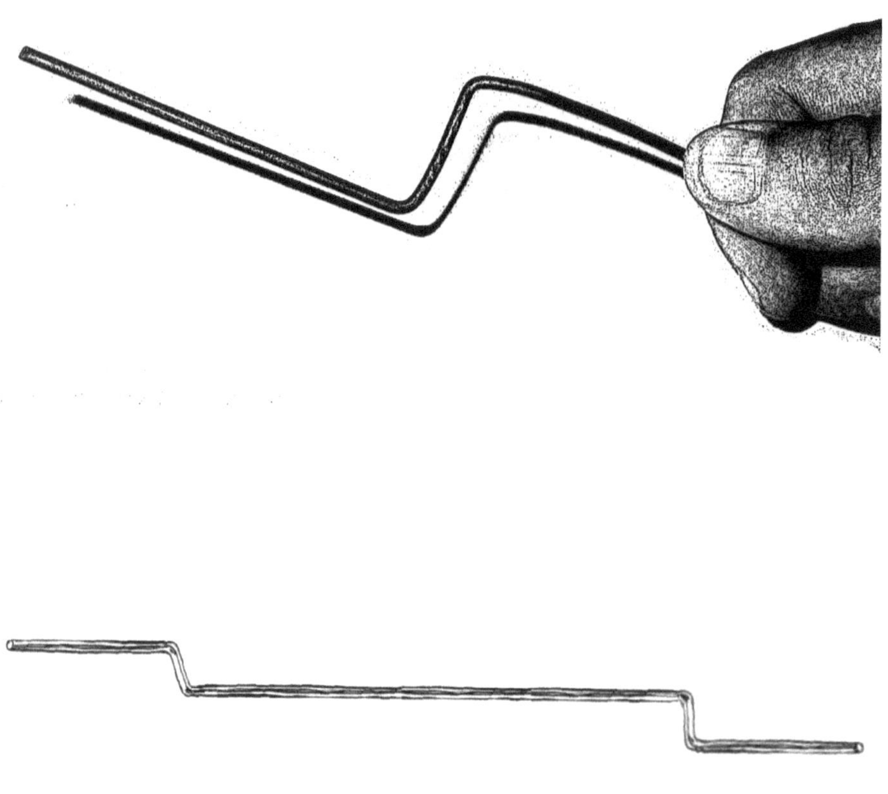

Gehen Sie folgender Massen vor:

Mit einem Spray (Silikonspray ist ideal, alternativ ein Auto-, oder Fahrradspray). in den Türspalt in der Höhe der Falle sprühen. Wenn Sie keines von diesen Dingen auftreiben, dann nehmen Sie

„Spüli", das flutscht auch herrlich. Ist alles schön rutschig, dann legen oder quetschen Sie Ihren Öffnungs-Draht in den Falz ein (kurze Seite des gebogenen Z). Gut einlegen lässt sich der Draht etwa zehn Zentimeter unter dem Beschlag. An dieser Stelle ist ihnen die Kante des Beschlags nicht im Weg. Falls es trotz Spray klemmen sollte, dann drücken Sie fest mit dem Fuss unten gegen die Türe, um einen grösseren Spalt zu erzeugen. Aber bitte mit Gefühl, sonst bricht die Tür auf. Liegt der Draht nun im Falz, dann schieben Sie ihn hoch, so hoch bis der Draht exakt über der Falle liegt. Sie wissen wo sich die Falle befindet, also lässt sich die ideale Lage des Drahtes gut schätzen. Mit einer Hand halten Sie sich am Knopf an und ziehen die Tür zu sich heran, während Sie genau gleichzeitig den Draht wie einen Hebel nach oben kippen. Durchs „Tür-zu-sich" ziehen wird der Druck auf die Falle genommen, und diese lässt sich mit festen Draht zurückdrücken. Das sollte es gewesen sein. Die Türe sollte offen sein!

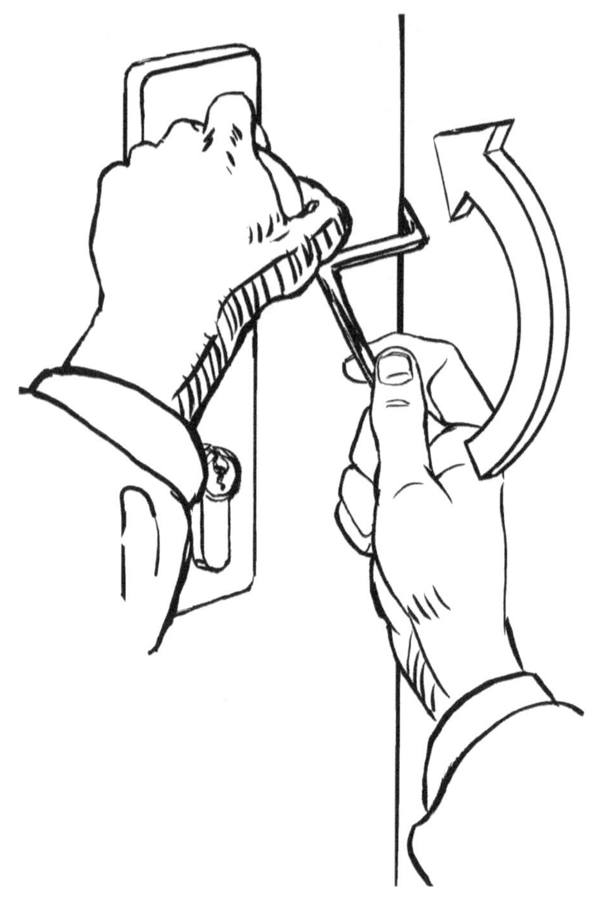

Klappt es nicht beim ersten Mal, dann verzweifeln Sie nicht, sondern wiederholen den Vorgang einige Mal. Wird schon gehen. Hilfreich ist es, wenn Sie nicht nur stur die Tür heranziehen, sondern ein wenig zittern und rütteln, während Sie mit dem Draht versuchen die Falle zu „erwischen"!

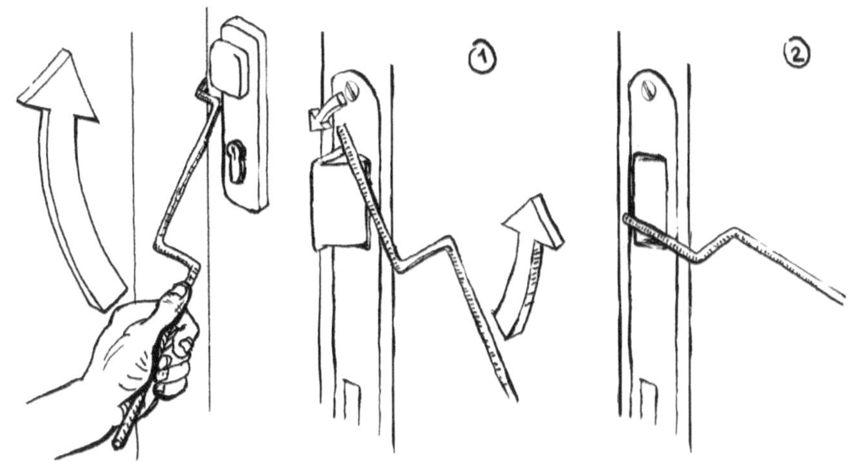

Vielleicht haben Sie Lust eine „Trockenübung" zu machen, dass Sie dann, wenn Sie es können müssen auch wirklich können. Denken Sie an die Kosten eines Schlüsselnotdienstes....dann üben Sie gerne, oder?

Plastik Karte als Alternative

Klappt meistens!

Ist kein Draht in Sicht? Keine Chance auf die Drahtmethode? Mit einer Plastikkarte klappt es auch. Zwar nicht so gut, wie mit einem Draht, aber was soll`s. Immer hat man nicht alles was man braucht. Im Film nimmt der Typ eine Scheckkarte aus seiner Brieftasche, schiebt sie in den Türspalt, wackelt ein wenig herum und die Tür ist offen. Im Prinzip richtig, aber ganz so einfach ist es nicht. Bitte nehmen Sie keine Geldautomatenkarte, keine Gesundheitskarte, Kreditkarte, oder sonst irgendeine Karte, die wichtig ist. Sie ist nämlich nach einer Verwendung als Öffnungswerkzeug nicht mehr zu verwenden. Wenn Sie eine alte Plastikkarte haben, dann bitte gerne. Falls Sie nichts brauchbares in der Nähe haben, hat der Autor hier einen guten, einen sehr guten Tipp für Sie.

PET – gratis und überall

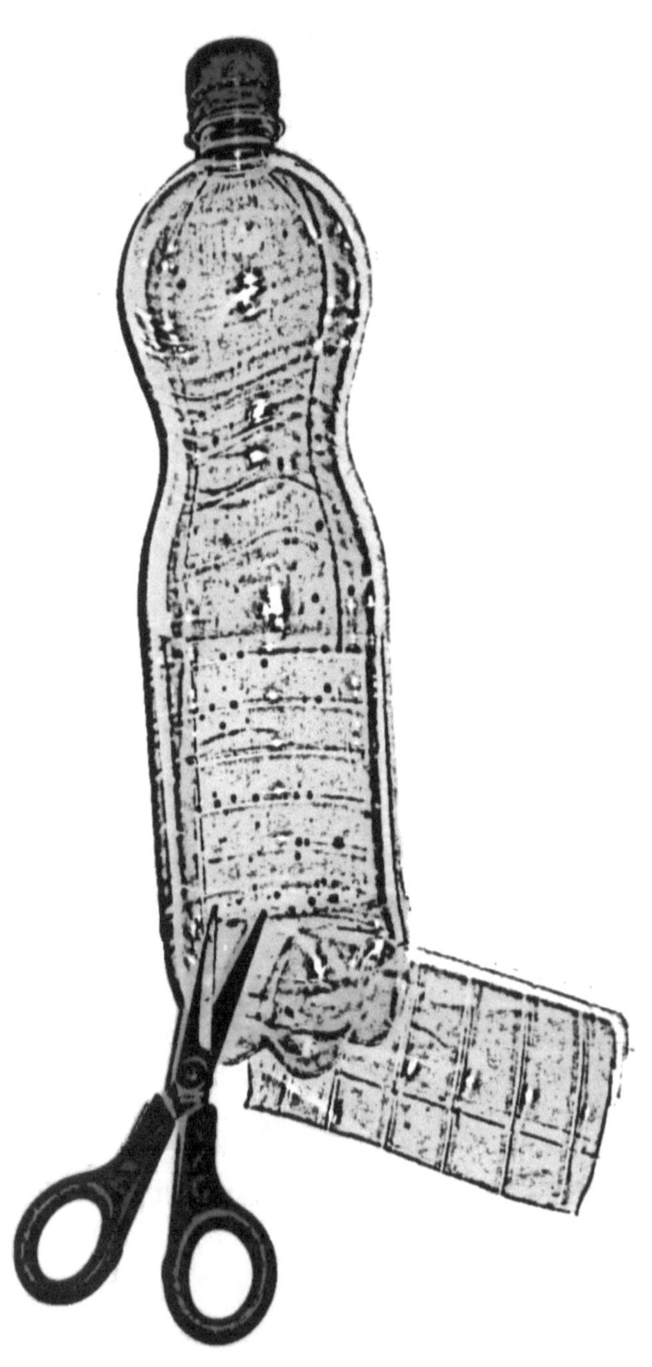

Sie benötigen dazu eine Schere und eine Plastikflasche, Sie wissen schon, so eine PET Flasche. Ob es eine Wasserflasche oder Saftflasche ist, spielt keine Rolle. Dieser PET-Kunststoff ist ein super Werkstoff für Ihre Zwecke. Hochfest und trotzdem flexibel! Das beste aber daran ist, die Flaschen sind gratis und stehen überall zur Verfügung. Nun schneiden Sie aus der PET-Flasche ein etwa zehn mal zehn Zentimeter grosses Quadrat aus. Schneiden Sie von einem Eck so ungefähr zwei Zentimeter ab, und knicken Sie es etwas ab. Ebenfalls so zwei Zentimeter. Muss nicht genau sein, die Massangaben sind geschätzt. Ab nun ist dies das obere Eck. So, fertig ist das Öffnungswerkzeug.

Diese selbstgemachte Karte erfüllt Ihren Zweck äusserst gut, Sie werden sehen.

Quetschen Sie diese Öffnungskarte unterhalb des Schildes in den Falz, natürlich mit dem oberen Eck, dem abgeschnittenen und umgebogenen. Deftig einsprayen nicht vergessen! Sie müssen mit einem Mittelweg aus Kraft und Geschicklichkeit die Karte „ums Eck" drücken, dorthin wo die Falle ist. Noch besser geht das, wenn die Öffnungskarte in den Falz gerüttelt wird. Die Tatsache, dass Sie das Eck schon vorgebogen haben, erleichtert die Angelegenheit noch etwas.

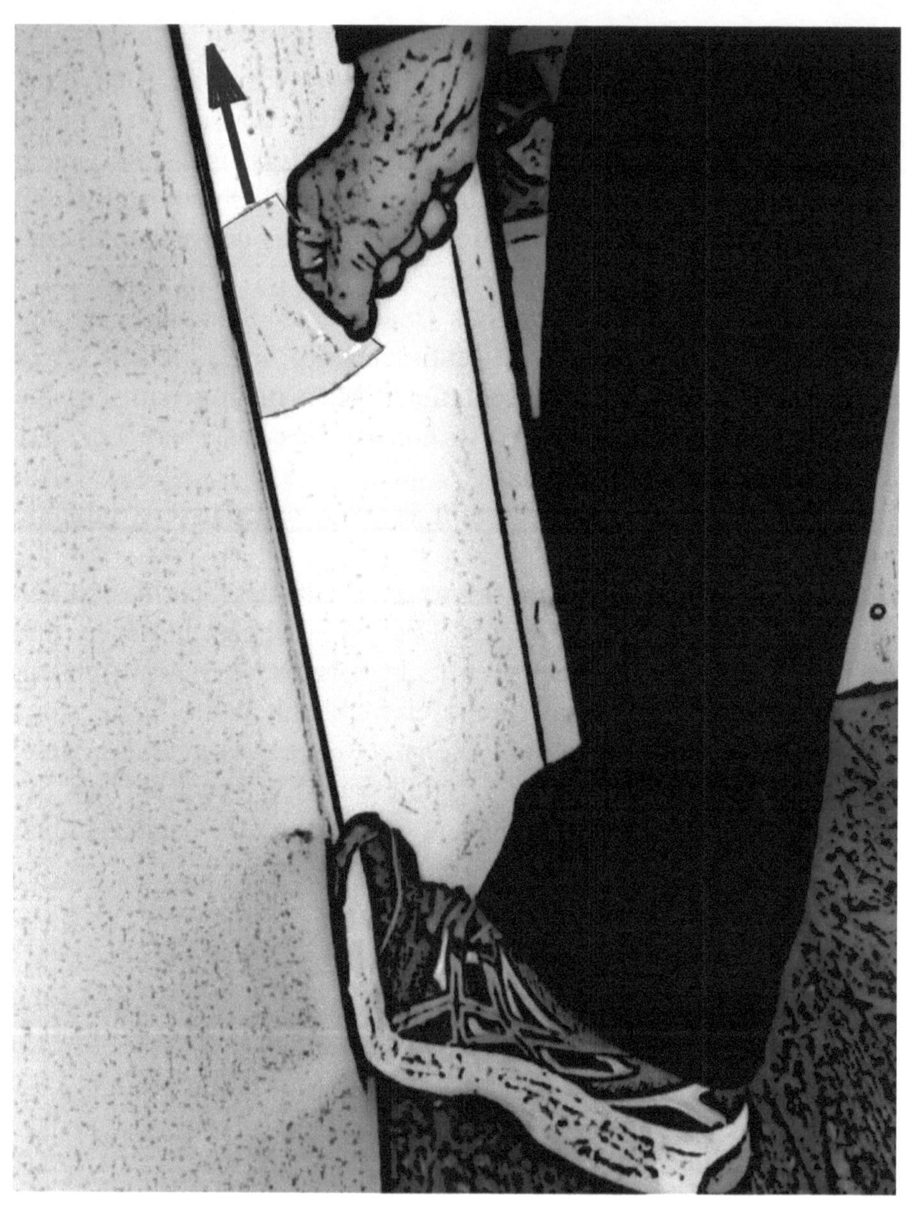

Geschafft? Karte im Falz?

Ist die Öffnungskarte in den Falz eingebracht, dann ziehen Sie die Karte vorsichtig nach oben. Bis die Falle zurück gedrückt wird. Ab und zu kann sich das Plastik verklemmen. Ziehen Sie die klemmende Karte notfalls mit einer Zange aus dem Türspalt und schneiden Sie sich eine neue aus der Flaschen.

Heimwerker als Nachbar

Glück haben Sie, wenn Ihr Nachbar ein Heimwerker ist. Er kann Sie mit guten Tipps unterstützen, und hat jede Menge Werkzeug zu Hause. Garantiert auch eine Spachtel aus Metall. Eine normale Spachtel ist ja schon gut, aber eine Chinaspachtel ist noch besser. Die ist nämlich dünner. Und je dünner, desto leichter lässt sich die Spachtel in den Türfalz einbringen. Mit einer Malerspachtel sollten Sie ein wenig anders vorgehen, als mit der Plastikkarte, obwohl Sie das selbe Ziel verfolgen, die Falle zurück drücken. Schieben Sie die Metallspachtel genau über der Stelle in den Falz, an der die Falle sitzt. Je breiter die Spachtel, desto eher findet man die richtige Stelle. Sie erinnern sich – Die Falle sitzt so 2 Zentimeter über dem Knopf. Ist also die Spachtel 10 Zentimeter breit, können Sie den Schnapper gar nicht verfehlen. Auch hier wieder gilt: Kräftig sprayen und die Spachtel mit Gefühl und Kraft in den Türspalt drücken. Vergessen Sie nicht, die Spachtel muss „ums Eck"! Mit einer Hand halten Sie den Türknopf fest und „wackeln" ein wenig an der Tür. Sie wissen schon, Sie müssen mit der Tür rütteln und gleichzeitig die Spachtel reinquetschen. Klingt schwieriger, als es ist.

Im Prinzip können Sie als Türfallenkarte alles nehmen, was flexibel, dünn und zäh ist. Eine Teigkarte, eine alte EC-Karte, Laminierfolie (notfalls zwei oder drei übereinander), von einer Eisbox den Deckel, eine Tupperware Tortenbox Deckel, oder was sonst noch zu finden ist.

Messer als Tatwaffe

Ein Messer ist immer gut, egal was Sie vorhaben. Zum Türöffnen eignet sich ein ganz dünnes Küchenmesser nahezu perfekt. Im Normalfall schneidet man damit Brot. Sie machen damit Ihr Schloss auf.

Merke:

- Messer muss dünn sein
- Billige Messer sind besser
- Ganz billige Messer sind am besten

Quetschen Sie das dünne Messer in den Türspalt hinein. Dort wo die Falle ist. Selbst dünne Messer sind meist sehr fest und lassen sich nicht mehr im Türfalz runterschieben (Die Plastikkarte schon), deshalb sollten Sie gleich die richtige Höhe erwischen. Wenn es möglich ist werfen Sie zur Sicherheit nochmal einen Blick auf eine offene Tür des Nachbarn, um sicher zu gehen, wo sich die Falle befindet. Spray nicht vergessen! Mit Geduld und Spucke sollte dies klappen!
Denken Sie an die Kosten eines Schlüsseldienstes, dann bemühen Sie sich mehr.

Zugefallen?

Bohren – Wenn' s sein muss durch die Tür

Kein Erfolg mit Draht und Karte?
Spachtel schon versucht?

Die Tür ist noch immer zu?
Jo mei, dann bohrens halt a Lickerl! So würde es ein Bayer formulieren, und recht hat er.
Was können Sie schon verlieren, nicht viel.
Eine Bohrmaschine macht ein kleines Loch in Ihre Tür.
Ein Schlüsseldienst reisst ein grosses Loch in Ihre Geldtasche!

Die Entscheidung welchen Weg Sie einschlagen werden, wird Ihnen nicht schwer fallen....
Bei zugefallen Türen gibt es einige Möglichkeiten sich mit einer Bohrmaschine auszutoben.

Die Bohrung zur Falle

Diese Öffnungsmethode sollten Sie nur in Betracht ziehen, wenn Sie bereits etwas Erfahrung mit Bohrmaschinen und Heimwerken haben. Dann aber geht es gut!
Sie bohren durch die Zarge genau dort wo sich die Falle befindet. Ein geübter Handwerker entscheidet sich für einen 6 mm Bohrer, ein nicht ganz so geübter nimmt einen 8er oder 10er Bohrer. Je grösser der Bohrer, desto bequemer die Arbeit, reparieren müssen Sie den Schaden sowieso, also spielt die Grösse des Loches auch keine grosse Rolle. Zeichnen Sie am Türstock an, wo sich der

Schnapper befindet und los geht`s. Bohren Sie vorsichtig bis der Bohrer auf der Falle „landet". Dann gucken Sie erstmal, ob Sie den Schnapper im Loch sehen. Wenn es dunkel ist, eine helle Taschemlampe (LED) kann das ändern. Sehen Sie die Falle? Ja? Dann nehmen Sie einen dünnen Schraubenzieher oder einen dünnen langen Spitz und drücken Sie die Falle in die Tür zurück. Offen! Jetzt noch alles wieder reparieren und verkitten. Falls Sie fleissig sind, dann schadet ein Lacktupfer auch nicht.

Was soll`s? Durch die Tür!

Was schlimm klingt ist nicht wirklich tragisch. Zehn Millimeter Bohrer ansetzen und ab geht es! Genau durch das Türblatt. Sie bohren ungefähr dort wo sich der Türdrücker befindet. Der Grund für dieses Loch ist leicht zu verstehen. Sie können durch diese Bohrung den Drücker betätigen. Dazu benötigen Sie nur einen längeren Schraubenzieher oder einer dünnen Eisenstange. Gelingt es Ihnen ein etwas gebogenes Rohr zu finden, wird die Sache leichter. Die Stange sollte in ein leichtes „S" gebogen sein. (Bild) Das Werkzeug muss natürlich einige Millimeter dünner als die Bohrung sein, um genug Bewegungsfreiheit beim Arbeiten zu haben. Schraubendreher oder Röhrchen durchs Loch und runter mit dem Drücker – fertig und offen! Klappt es nicht sofort, dann erweitern Sie einfach die Bohrung in der Tür, indem Sie mit dem Bohrer „wandeln" (herumeiern).
Reparieren der Tür ist auch kein Problem, das schaffen Sie auch wenn Sie kein Tischler sind. In das Loch stopfen Sie einen Stück rundes Holz (Ast, Hammerstiel,...) und verkitten den Rest mit flüssigem Holz (Holzkitt). Den gibt es in verschiedenen Farben und Maserungen. Sieht man immer noch was, dann können Sie ein Namensschild drüber kleben oder ein „Atomkraft Nein Danke Pickerl", jetzt nur so mal gesagt, als Beispiel.

Abgebrochener Schlüssel

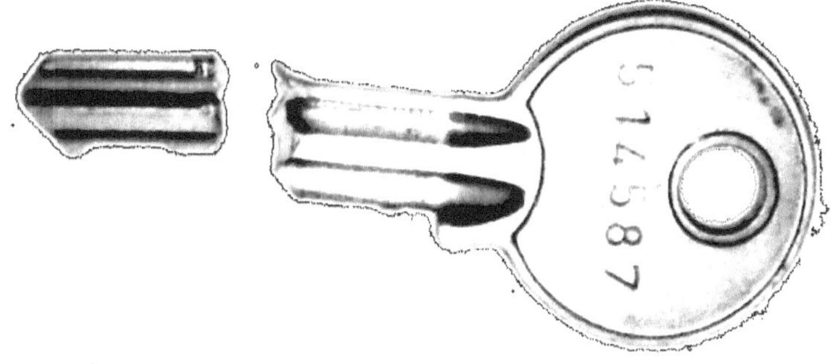

Ein wenig zu viel Kraft, oder nicht ganz bei Sache, weil Sie von einer Party nach Hause kommen und schon ist es passiert. Ein kleiner Ruck, und Sie haben nur mehr den halben Schlüssel in der Hand. Die andere Hälfte steckt im Schloss. Ärgern hilft nichts, aber es befreit. Also ärgern Sie sich einmal kurz.

Teilweise sichtbar

Dann betrachten Sie genau das Schloss. Ist noch ein Stück des abgebrochenen Schlüssel sichtbar? Dann haben Sie schon gewonnen.
Guckt ein Teil des Schlüssels heraus, so wird Ihnen ein Pinzette gute Dienste leisten. Sieht **fast** (Die Betonung liegt auf fast) nichts mehr aus dem Schlüsselloch, also nur ein winziges klitzekleines Stück, so gibt es eine gute Möglichkeit. Mit einer Nadel oder einen anderen spitzen und dünnen Werkzeug ist ein Leichtes den Übeltäter aus dem Schloss zu verfrachten.

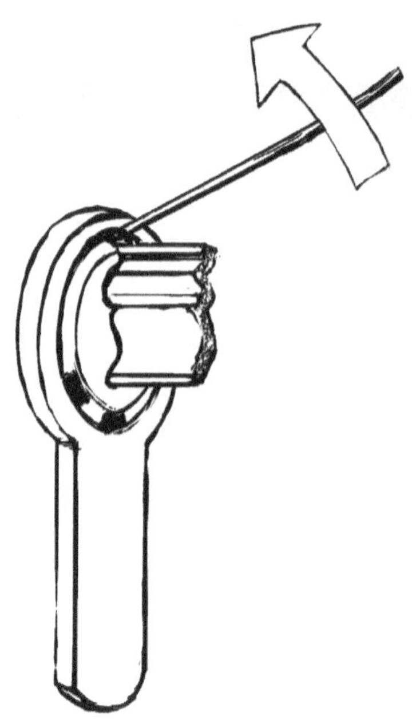

Sie setzen oben am Rücken oder seitlich an (am letzten sichtbaren Rest des Schlüssels) und benutzen die Nadel wie einen Hebel. Sie hebeln den halben Schlüssel aus dem Schlüsselloch. Sobald der Schlüsselrest ein wenig aus dem Schliesskanal herausragt, packen Sie ihn mit einer Pinzette oder mit den Fingern (wenn Sie geschickt sind). Sie werden staunen, wie leicht das geht!

Total unsichtbar

Es gibt noch eine andere Variante des abgebrochenen Schlüssels. Nicht der halbe Schlüssel ist abgebrochen, sondern ein Stück des Bartes. Und dieses Stück steckt im Schlüsselloch. Von aussen ist nichts zu sehen. Sie wissen lediglich, dass der Bart im Schloss steckt, weil ein Stück auf Ihrem Schlüssel fehlt. Sie haben nur mehr einen ¾ Schlüssel in der Hand. Klingt schlimm, muss es aber nicht sein. Sie haben gute Chancen, dass Sie trotzdem in Ihre Wohnung können. Wie? Einfach probieren! Mit Glück lässt sich das Schloss auch mit abgebrochenen Schlüssel aufsperren. Stecken Sie Ihren ¾ Schlüssel und probieren Sie es! Wackeln Sie ein wenig hin und her, vor und zurück – hin und her – auf und ab. In 9 von 10 Fällen gelingt es. Damit stehen Ihre Chancen nicht schlecht. Ist die Tür offen, dann haben Sie einige Möglichkeiten alles wieder in Schuss zu bekommen. Sie können den Zylinder ausbauen (von innen geht das ja) und zu einem geeigneten Fachbetrieb gehen, die Ihnen das Stückchen aus dem Schloss holt. Oder Sie könnten ein neues Schloss kaufen. Das ist wahrscheinlich die schnellste, billigste und einfachste Lösung.

Wochenendlösung:

Sie haben das Schloss ausgebaut, aber Sie können kein neues besorgen, weil Samstag Abend ist? Dann gibt es die Wochendlösung – Drehen Sie das Schloss einfach um. Also innen ist aussen und aussen ist innen. Dann können Sie von aussen wieder normal sperren, von innen können Sie das Schloss dann nicht mehr verwenden. Aber Achtung: Beheben Sie den Schaden am nächsten Werktag! Sonst ist der nächste Ärger vorbereitet.

Nichts für gänzliche Laien

Steckt das Stück Schlüssel weit, weit hinten im Schliesszylinder, dass ist es leider für einen Laien etwas schwierig das abgebrochene Stück aus dem Schloss zu bekommen. Man macht das mit einem Werkzeug, welches wie ein Widerhaken aussieht. Sie müssen damit ganz in den Zylinder hinein und es unter dem abgebrochenen Stückchen ansetzen. Das heisst unter den gefederten Stiftchen. Das kann schwierig sein, aber probieren können Sie es ja!

Extra Tipp:

Haben Sie als Kind mit einer Laubsäge Indianer oder andere Figuren aus dünnen Holzplatten gesägt? Dann wissen Sie ja was ein Laubsägeblatt ist.

Mit einem solchen Sägeblatt lässt sich in vielen Fällen eine abgebrochener Schlüssel extrahieren (das heisst so, wie beim Zahnarzt).

Besorgen Sie das dünnste Blatt für Metall, das Sie bekommen können (feinere Zacken als das Blatt für Holz).

Nehmen Sie das dünne Sägeblatt und brechen es an einem Ende ab. Nun führen Sie das abgebrochene Blatt unter dem abgebrochenen Schlüssel in das Schlüsselloch ein. Die Zähne müssen logischer Weise nach hinten zeigen. Oft genügen einige Millimeter das Blatt einzubringen, um den abgebrochenen Schlüssel rauszuziehen.

Wichtig:

- Blatt muss dünn sein
- Zähne müssen nach hinten gerichtet sein (also zu Ihnen)
- Blatt muss am Schlüsselrest Halt finden

Eine klebrige Sache

Für diesen Trick brauchen Sie etwas Superkleber (Sekundenkleber) und eine stumpfe Nadel, oder einen stumpfen Stift. Gut ist ebenfalls eine Injektionsnadel, allerdings muss diese vorne abgeflacht sein. Eine hohle Nadel ist besser, weil der Kleber etwas in die Öffnung reinlaufen kann und somit besser haftet. Auf der winzigen Spitze einer stumpfen Nadel findet der Kleber weniger Platz als in einer hohlen Nadel.

Sie tauchen die Nadel in einen kleinen Tropfen Sekundenkleber und warten bis der Kleber fast trocken ist. Aber eben nur fast. Die Nadel mit dem Tröpfchen Superkleber führen Sie in das Schloss ein und drücken es auf den abgebrochenen Schlüssel. Einige Sekunden warten (Nicht umsonst heisst das Zeugs Sekundenkleber). Ist Fortuna Ihnen wohlgesinnt ziehen Sie die Nadel mit dem Schlüsselstück aus dem Schloss.

ACHTUNG - ACHTUNG!
Niemals (noch) flüssigen Klebstoff in das Schloss tropfen lassen.
Warum nicht? Naja, diese Frage können Sie sich selbst

beantworten.

Klopf ihn raus

Nicht selten rutscht das abgebrochene Stückchen aus dem Schliesszylinder, wenn man von der anderen Seite einen zweiten Schlüssel mit einem leichten Schlag in das Schloss schlägt. Bitte nicht drauf dreschen, dass sich die Balken biegen! Ein leichter kurzer Schlag: Zweitschlüssel in das Schloss stecken bis ein kleiner Widerstand zu spüren ist. Mit dem Griff eines Schraubendrehers vollziehen Sie einen satten gezielten Schlag. Auch hier müssen Sie Glück haben, denn erstens müssen Sie einen zweiten Schlüssel haben, zweitens müssen Sie Zutritt zur Innenseite der Türe haben, und drittens muss der Schlüssel „gut" abgebrochen sein.
Versuchen können Sie es ja! In fünf von zehn Fällen klappt es. Klappt es nicht, dann können Sie sich immer noch eine neues Haus mit neuen Schlössern kaufen. Haben Sie jedoch Glück, dann ersparen Sie sich diese kleine Ausgabe.

Klebstoff im Schloss

Haben Sie Feinde?

Das müssen Sie selbst wissen, der Autor weiss dies nicht und es ist ihm auch völlig egal.
Feinde sind fiese Zeiterscheinungen, denn die können einem das Leben ganz schön zur Hölle machen. Die können zum Beispiel Klebstoff ins Schloss reintropfen, oder einen Zahnstocher in den Schliesskanal drücken. Dann machen Sie ein ganz schön dummes Gesicht.

Verklebtes Schloss

Ob man dies leicht oder schwer erkennen kann lässt sich nicht sagen. Fest steht nur, dass der in diesem Fall sich der Schlüssel keinen Millimeter ins Schloss stecken lässt. Ein eindeutiges Zeichen für diesen Vandalenakt ist, wenn auf der Vorderseite des Schlosses ein kleiner Tropfen klebt. Das ist der überschüssige Klebstoff, welcher aus dem Schlüsselloch wieder herausläuft.

Jetzt kommen zwei wirklich tolle Tricks

Jetzt kommt`s drauf an:

1. Ist jemand in der Wohnung? Kann Ihnen jemand die Tür öffnen? JA? Dann haben Sie halb gewonnen! Bauen Sie das Schloss aus und jetzt kommt der erste Spezialtrick: Ab ins Backrohr 10 Minuten bei 220 Grad – das macht aus dem klebrigsten Sekundenkleber Klebedampf, sonst bleibt nicht über. Anschliessend schmieren Sie den Zylinder mit gutem Öl ordentlich ab und bauen es wieder in Ihre Tür ein. Vor dem Einbau probieren kann auch in diesem Fall nicht schaden.

NEIN? Ist niemand in der Wohnung? Nun, die Sache liegt jetzt

124

etwas schwieriger, aber noch nicht hoffnungslos. Heizen Sie den Schlüssel ordentlich ein! Zücken Sie ein Feuerzeug, stellen die Flamme auf gross und machen Sie den Schlüssel heiß. Den heissen Schlüssel stecken Sie schnell ins Schloss, bis es zischt und dampft. Wenn Sie diesen Vorgang einige Mal wiederholen, dann sind Sie auf dem besten Weg den Klebstoff zum Verdampfen und zum Verglühen zu bringen. Dazwischen immer wieder rütteln und wackeln. Viel Glück! Mehr kann Ihnen der Autor nicht wünschen. Als Motivation kann Ihnen der Autor dennoch sagen, dass es fast in jedem Fall zum Erfolg führt.

Streichholz oder Zahnholz

Hat Ihr Feind Ihnen ein Stück Holz ins Schloss gesteckt? Das ist ebenfalls eine dumme Sache, aber besser als Kleber. Denn, wenn Sie es schaffen das Holz zu entfernen, so bleibt meistens das Schloss unbeschädigt. Das ist die gute Nachricht. Die schlechte Nachricht ist: Das Holz heraus zu kitzeln ist eine schwierige Angelegenheit, aber mit Geduld geht das schon! (Besser als ein paar hundert Euro für den Notdienst hinblättern, oder?)
Wie gesagt, da hilft nur Geduld, ein wenig Geschicklichkeit und ein kleines Werkzeug, welches wie ein Widerhaken aussieht. Auch ein Laubsägeblatt tut gute Dienste. Einfach hinknien und mit dem Haken das Holz aus dem Schliesskanal ziehen. Als Vorteil für Sie wäre zu erwähnen, dass eine Zahnstocher oder ein Streichholz sehr zäh ist. Wenn Sie als vom Glück heimgesucht werden, dann lässt sich das lästige Trumm mit einem einzigen Ruck rausmanövrieren. Das Werkzeug muss sich nur gut verhaken. Einmal fest gezogen, und draussen ist das Hölzchen! Ihr Feind hat sich für nichts strafbar gemacht!

Wie der Haken aussieht? Siehe Kapitel abgebrochener Schlüssel

Das Zylinderschloss

Sie wissen nicht genau, welches Schloss Sie haben? Wahrscheinlich ein Zylinderschloss. So eines mit flachem Schlüssel. Das hat fast jeder in unseren Breiten. Leider werden die kleinen Schlüssel gerne verloren oder verlegt.

Ist Ihnen das passiert?

Das ist eine dumme Geschichte, aber vielleicht hilft Ihnen eine dieser Techniken in diesem Kapitel. Sie dürfen nur keine Scheu haben das Schloss oder die Tür zu beschädigen, um wieder in Ihre Wohnung zu gelangen. Der Schlüsseldienst macht in den meisten Fällen auch nichts anderes, es sei denn Sie haben das grosse Glück und bestellen einen Meister seines Könnens, aber das ist wohl seltener als für den Nobelpreis nominiert zu werden. Die meisten machen alles kaputt, und das können Sie selbst, und bei weitem billiger!

Biegen und Brechen

Sind auf Ihrem Schild Schrauben?

Ja? Dann haben Sie bereits gewonnen, und haben leichtes Spiel. In ein paar Minuten sind Sie in der Wohnung. Als erstes schrauben Sie das Schild ab, das wird kein Problem sein. Der Schliesszylinder liegt ungeschützt vor Ihnen und steht einige Zentimeter aus der Tür vor. Ein „Knackrohr" oder einen „Stempel" haben Sie wahrscheinlich nicht, das besitzen nur die Schlüsseldienste. Macht nichts, brauchen Sie auch nicht. Früher hatten die Schlüsseldienste auch kein Spezialwerkzeug. Alles was Sie brauchen ist eine grössere Rohrzange oder Schweisszange. Rohrzange muss nicht erklärt werden. Eine Schweisszange ist ein Werkzeug (Zange) welche man fixieren kann. Das heisst, die Zange bleibt im zusammen gedrückten Zustand und öffnet sich nicht mehr. Haben Sie nicht? Eine Rohrzange, oder eine Wasserpumpenzange (Installateurwerkzeug) müssten Sie schon zur Verfügung haben, sonst geht es nicht. Packen Sie den Zylinder mit Ihrer grossen Zange und drehen ihn. Ob Sie nach links oder rechts drehen, ist egal. Drehen Sie ihn in die Richtung die Ihnen lieber ist. Drehen Sie mit Kraft und nutzen Sie die Hebelkraft der grossen Zange aus. Drehen Sie sehr kräftig, bis – – – es ein Krach gibt. Bis der Zylinder abbricht. Nun ist Zylinder in der Mitte abgebrochen. Ein Hälfte haben Sie in der Hand (das heisst in der Zange), die andere Hälfte steckt noch in der Tür, aber auf der Innenseite.

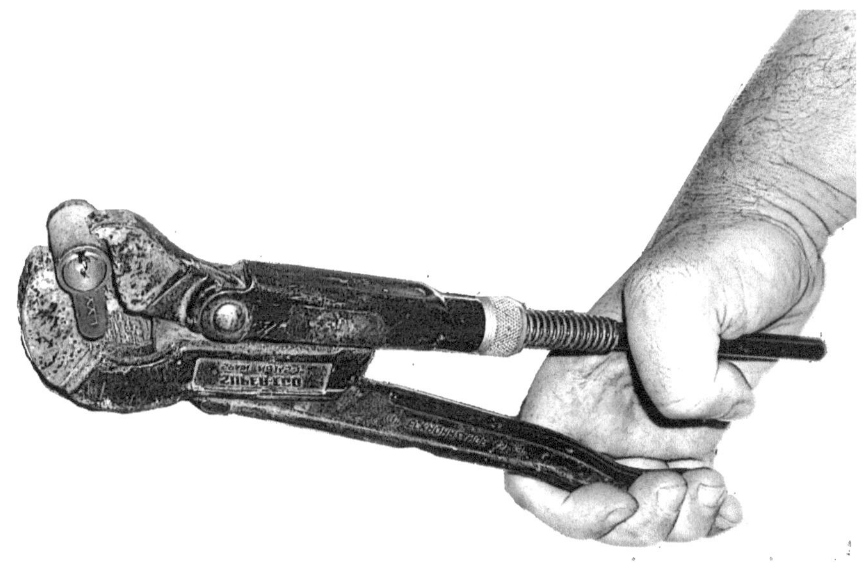

Das kann Ihnen aber völlig egal sein. Es behindert Sie nicht. Sie nehmen nun einen Schraubenzieher und betätigen den Mechanismus im Schlosskasten. Sie machen im Grunde das, was der Zylinder macht. Das ist wirklich leicht. Sie müssen nur einen kleinen Metallhebel anheben und gleichzeitig den Riegel zurück schieben. Klingt vielleicht etwas schwierig, ist es aber nicht. Das geht mit einer einzigen Bewegung mit dem Schraubenzieher. Anheben und Riegel schieben. Der „Riegel" ist das, was sich beim Zusperren (und Aufsperren) aus der Tür bewegt. Einmal zusperren heisst: Riegel ist einmal draussen. Zweimal zusperren heisst: Riegel ist zweimal draussen. Und das machen Sie jetzt ohne Schloss, und natürlich ohne Schlüssel. Sie machen das mit den Schraubenzieher. Deswegen haben Sie ja den Zylinder rausgebrochen!

Haben Sie sich einen Zylinder schon mal genau angesehen?
Ein handelsüblicher Schliesszylinder, so einer wie Sie in der Türe
montiert haben (Der Autor nimmt das mal so an) hat einen
gewaltigen Konstruktionsfehler. Im Grunde besteht er aus zwei
gleichen Schlossteilen (Sie wollen ja aussen und innen sperren), die
in der Mitte zusammen gefügt sind. Und diese Mitte ist sehr dünn,
man sagt „wenig Fleisch". Hier an dieser Stelle, „der Brücke"
bricht der Zylinder wenn er Drehkräften ausgesetzt ist. Einbrechen
wissen das ebenfalls und bedienen sich dieser Technik, übrigens
sehr fleissig. Es ist immer noch die häufigste Einbruchstechnik,
wesentlich häufiger als Aufbrechen der Tür.

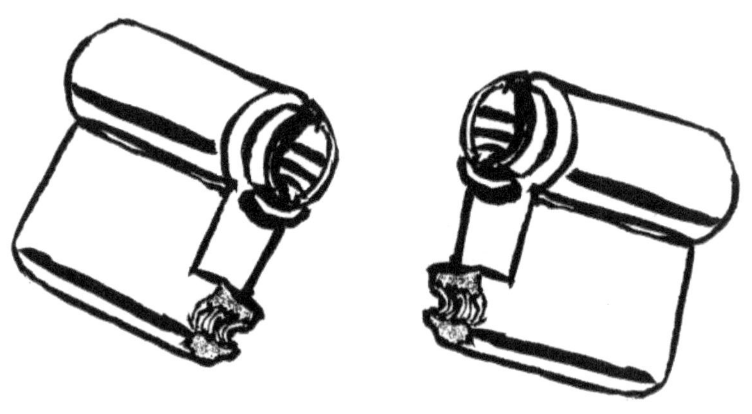

Warum? Weil es so leicht geht! Deswegen können Sie diese
Technik ebenfalls benutzen um in Ihre Wohnung zu gelangen.

Also:

- **Schild runter**
- **Zange ansetzen**
- **Schloss abdrehen**
- **Mit Schraubendreher den Schlossmechanismus auslösen**
- **Neues Schloss montieren**
- **Gut schlafen!**

Jetzt spricht die Bohrmaschine

Sind auf Ihrem Türschild keine Schrauben auf der Aussenseite, dann sind Sie stolzer Besitzer eines Schutzbeschlages oder auch Sicherheitsbeschlag genannt. Einerseits ist das gut, weil Einbrecher damit abgeschreckt werden, andererseits ist das schlecht. Zum Beispiel, wenn Sie Ihren Schlüssel verloren haben. Verzweifeln brauchen Sie aber dennoch nicht. Mit einer Bohrmaschine und ein paar guten Bohren verschaffen Sie sich leicht Zutritt zu Ihrer Wohnung.

Im Prinzip gibt es zwei Möglichkeiten ein Zylinderschloss aufzubohren. Eine Methode dauert etwas länger, ist schwieriger aber klappt immer. Die andere geht schneller, ist einfacher klappt aber nur bei Schlössern ohne gehärteten Stiften. Diese Zylinder sind meist billig und haben keine hohe Qualität.

Aufbohren eines (billigen) „Baumarktzylinders" :

Stahlbohrer genau an die Kante zwischen Kern und Gehäuse ansetzen. Der Kern ist der Teil beim Zylinder, welcher sich dreht. Das Gehäuse, der Teil, welcher sich nicht dreht. Das ist leicht zu verstehen. Genau in diese Kante bohren Sie so, dass die Hälfte des Bohrers in den Kern und die andere ins Gehäuse eindringt. Bohren ist nicht schwer! Sie müssen nur vorsichtig sein und mit etwas Kraft die Maschine andrücken. Der Bohrer marschiert dann wie von selbst in den Zylinder. In Ihrem Schloss sind fünf Stiftpaare (ist fast immer so, es gibt auch welche mit sechs oder vier, aber äusserst selten) die „rausgebohrt" werden müssen. Also achten Sie beim Bohren auf ein charakteristisches Knirschen, denn jedes Mal, wenn der Bohrer einen Stift zermalmt, dann macht es dieses eindeutige Geräusch. Sie müssen als fünfmal dieses Knirschen hören, dann haben Sie alle Stifte zerschnitten.

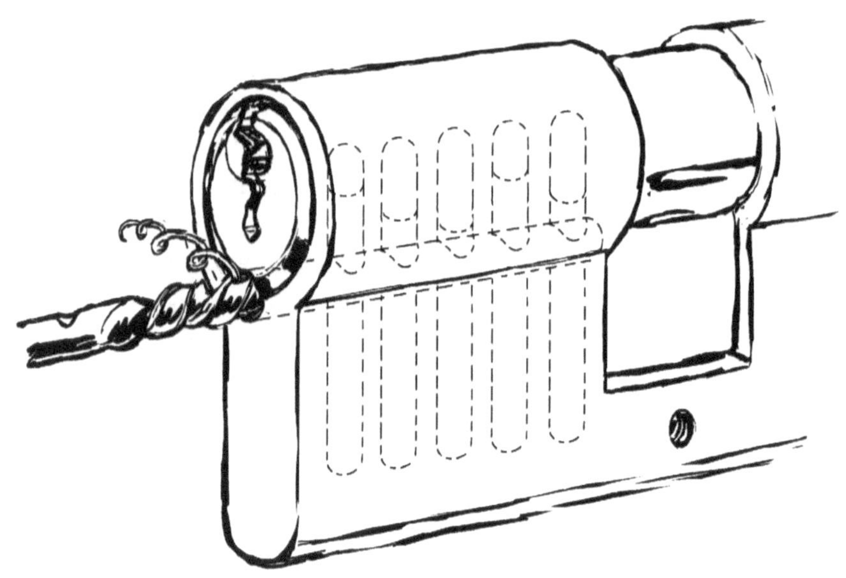

Etwas Kühlung auf den Bohrer schadet ebenfalls nicht. Wenn Sie nichts anderes haben, dann nehmen Sie Wasser, besser als nichts. Sonst wird der Bohrer heiss und blau und ist kaputt. Ein paar Mal ziehen Sie den Bohrer hin und her im neu entstanden Loch. „Ausputzen" ist der Fachausdruck. Auf diese Weise können Späne, Federn und andere Bohrreste aus dem Bohrloch fallen und geben den Weg frei. Nun kommt der entscheidende Moment. Sie nehmen einen kleinen Schraubenzieher und drehen den Kern, und siehe da: Er dreht sich! Die Tür geht auf! Neues Schloss montieren und mit dem gesparten Geld auf Urlaub fahren.

Aufbohren eines Qualitätszylinders

Das ist schon schwieriger, aber dennoch zu schaffen. Was bleibt Ihnen auch übrig? Bei Schlössern mit guter Qualität empfiehlt sich ein anderer Bohrvorgang, als bei den billigen Zylindern. Professionelle Schlossknacker verwenden eine kleine Fräsmaschine für diese Arbeit. Es handelt sich dabei um ein richtiges Spezialwerkzeug, das nicht gerade billig ist. Sie werden keines besitzen, oder? Also müssen Sie sich anders helfen, und das geht.

130

Sie benötigen dazu einen Hartmetallbohrer (Steinbohrer kann man auch sagen) und etwas Gefühl. Das Werkzeug muss unbedingt aus Hartmetall sein, denn in teuren Schlösser sind die kleinen Stiften aus gehärteten Stahl. Ein normaler Bohrer schafft es nicht die harten Stiften zu zerstören, er würde sofort verschmelzen oder brechen. Sie setzen den Bohrer genau in die Mitte des Kerns (in das Schlüsselloch) und bohren mit Kraft (und Gefühl) in den Kern hinein. Es geht nicht anders, Sie müssen den Kern komplett rausbohren! Im Prinzip ist es eher mehr ein Fräsen als ein Bohren. Sie können einen 10 Millimeter Bohrer nehmen und sich langsam Millimeter für Millimeter vorarbeiten, bis vom Kern nichts mehr über ist. Gut ist, wenn Sie zwei oder drei verschiedene Bohrer zur Verfügung haben, und immer wieder wechseln. Ein Bohrer hat so immer Zeit wieder an der Luft abzukühlen, denn Hartmetallbohrer dürfen Sie nicht mit Wasser abkühlen. Sie zerspringen sofort. Meist bricht das letzte Stück des Kerns von selbst heraus, oder lässt sich mit einer Zange heraus brechen. Machen Sie einfach weiter, denn irgendwann haben Sie es geschafft! Vor Ihnen ist nur mehr ein Loch, in dem mal ein Zylinderkern war. Der ist nun Geschichte. Mit etwas Geschicklichkeit (strengen Sie sich an, es geht um Ihr Geld) lässt sich nun mit einem Schraubenzieher die Schliessnase drehen. Die Schliessnase ist das Ding, welches den Riegel bewegt, und damit die Tür öffnet. Zylinder aufbohren ist ein der schwierigsten Arbeiten, um den Schlüsseldienst zu vermeiden. Wenn Sie sich das nicht zutrauen, dann gibt es noch eine Lösung. Die ist viel leichter, aber Ihr Türschild wird zerstört. Wenn Ihnen das nichts ausmacht, dann lesen Sie weiter!

Anmerkung: Ein Türschild kostet nicht viel im Vergleich zum Schlüsseldienst. Übrigens macht auch der Schlüsseldienst wahrscheinlich Ihr Türschild kaputt. Dann müssen Sie beides bezahlen. Das Schild und den Schlüsseldienst – da ist es besser man macht es selbst kaputt, oder?

Weg mit dem Schild

Keine Angst vor dieser Arbeit!

Hat das Aufbohren des Zylinders nicht ganz so funktioniert, wie es gewünscht wurde, so bleibt Ihnen noch immer die Möglichkeit den Beschlag zu entfernen. Manche Schlüsseldienst-Hasser machen das von Anfang an. Weil es schnell geht und relativ einfach ist. Benötigt wird dazu eine kleine Trennscheibe oder ein Dremel (siehe Kapitel Werkzeug). Alledings muss man mit einer Flex (Trennscheibe) umgehen können. Nicht, dass es schwer ist, es erfordert nur ein wenig Übung. Die Trennscheibe ist laut und unhandlich, aber sehr wirksam. Wenn Sie es also eilig haben und handwerklich ein wenig geschickt, dann lassen Sie die Trennscheibe an Ihre Tür. Ein paar Minuten und die ganze Arbeit ist fertig. Sind Sie handwerklich nicht ganz so versiert, dann ratet Ihnen der Autor zum Einsatz eine Dremels. Es dauert zwar etwas länger, weil die Schnittkraft bei weitem nicht so gewaltig ist, wie die der Flex, aber es ist um so vieles einfacher das kleine Werkzeug zu führen. Der Dremel ist leicht, sehr leise und das Verletzungsrisiko ist wesentlich geringer. Es ist wirklich sehr einfach mit diesem handlichen Werkzeug umzugehen. Können Sie schreiben? Ja? Dann können Sie auch einen Dremel bedienen. Spannen Sie eine kleine Diamantscheibe (die ist im Lieferumfang dabei) ein und schneiden Sie einige Zentimeter über und unter dem Zylinderschloss das Schild durch. Sie schneiden zwei Schlitze und brechen dann den Beschlag weg. Passen Sie aber auf, dass Sie seitlich des Beschlags die Tür nicht beschädigen, das sieht sonst hässlich aus. Dort wo das Schild über der Tür ist, macht es nicht aus, wenn Sie zu tief kommen und in die Tür schneiden. Das neue Schild deckt die Kratzer ab. Sie werden nachher nichts sehen.
Ein gute Vorgangsweise ist, wenn Sie in der Mitte beginnen, und sich langsam nach links und rechts zum Rand vorarbeiten, solange bis am Rand nur mehr zwei hauchdünne Stege stehen bleiben. Die lassen sich dann ohne Mühe mit einem Schraubenzicher durchtrennen, oder durch die Hebelkraft wegbiegen bis sie abbrechen. Ein paar Minuten vorsichtiges Arbeiten und das war es auch schon! Der Zylinder liegt nun ungeschützt vor Ihnen. Und der

lässt sich ja auf einfachste Weise abbrechen. Ihr Geld liegt geschützt in Ihrer Brieftasche.

Anschliessend besorgen Sie sich ein neues Schild und ein neues Schloss und montieren das ganze Zeugs.

Die drei Goldadern

Schlüsseldienste teilen Ihre Einnahmen in drei verschiedene Gruppen ein. Jede dieser Gruppen beschert den Männern vom Notdienst einen gigantischen Strom an Valuta. Und, weil eine Gruppe besser als die andere ist bekommen sie auch entsprechende Bezeichnung.

Lesen Sie selbst von den drei Goldminen der Abzockerbranche:

- **Der Reichmacher**

- **Der Jackpot**

- **Der Lotto Sechser**

BINGO!

In diesem Kapitel geht es um den absoluten Reichmacher der Schlüsseldienste – Man nennt ihn auch "Der Klassiker!"

-- SCHLÜSSEL STECKT INNEN --

Wenn es eine Hitparade für Schlüsseldienst-Notfälle gäbe, dann wäre wohl dieser die unangefochtene Nummer Eins. Der absloute Bestseller der Notdienste! Es wäre nicht übertrieben zu behaupten, dass so manch schönes Haus eines Schlüsseldienst-Monteurs gebaut wurde, mit dem Geld der Schlüssel-steckt-innen-Klientel. Der Autor kennt persönlich fünf Schlosser, die für bürgerliche Begriffe reich geworden sind allein durch dieses dumme Missgeschick der Kunden.
Unglaublich? Ein Haus zu verdienen nur durch das Pech der Leute! Unvorstellbar? Eine Eigentumswohnung in der Stadt zu verdienen nur durch Unachtsamkeit der Menschen!

Ja! Das ist möglich. Sie ermöglichen dem Mann vom Schüsseldienst nur durch einen Moment der Konzentrationslosigkeit ein kleines (manchmal mittleres bishin zum grösserem) Vermögen zu ergattern.
Der Monteur nutzt schamlos aus, dass Sie eine Sekunde unkonzentriert waren. Für den Notdienstler drei Minuten Arbeit, für Sie ein Wochenlohn. Ungerechter kann die Arbeitsverteilung ja wohl kaum aussehen. Ungerechter kann das Leben doch nicht mehr sein! Wollen Sie, dass der Schlüsseldienstler durch Sie reich wird? Wollen Sie dem Mann vom Notdienst Ihr schwer verdienstes Geld aufdrängen?
Was können Sie tun?
Verhindern Sie es!

LASSEN SIE DEN SCHLÜSSEL NIEMALS INNEN STECKEN!

NIEMALS – NIEMALS – NIEMALS

Egal was passiert - Stecken Sie den Schlüssel niemals innen an!
Egal was passiert - Lassen Sie den Schlüssel nicht innen stecken!

Sie sponsern damit das Luxusleben des Schlüsseldienstes!

Gewöhnen Sie sich diese dumme und sinnlose Angewohnheit ab!

Eines noch: Sie wollen garantiert wissen, warum das so ist. Warum kann man das Schloss nicht öffnen, wenn der Schlüssel innen steckt?
Die Antwort ist banal und wird Sie garantiert ein wenig schocken:
Damit die Schlüsseldienste ordentlich Kohle scheffeln! Jawohl! Sonst nichts!

Schlossdefekt

Der Jackpot

Nur mehr zwei Minuten, dann sind Sie in Ihrer Wohnung. Sie sind müde von der Arbeit und freuen sich auf die Dusche. Sie stecken Ihren Schlüssel an, wollen drehen um endlich Ihren verdienten Feierabend zu geniessen. Sie drehen nach links und rechts, ziehen den Schlüssel ab, betrachten diesen und probieren es erneut. Dann passiert folgendes: *NICHTS!*

Was ist damit gemeint?
Na, es passiert einfach nichts. Der Schlüssel lässt sich nicht drehen. Das Schloss lässt sich einfach nicht aufsperren. Die Tür bleibt zu und Sie bleiben draussen. Ihr Schloss ist defekt, es ist kaputt, den Weg allen irdischen gegangen, wie auch immer Sie es bezeichnen wollen. Es funktioniert einfach nicht mehr!

Wer freut sich über Ihr Pech am meisten? Richtig! Der Schlüsseldienst!

Zugegeben, es ist schwierig ein defektes Schloss vorherzusehen, aber nicht gänzlich unmöglich. Manchmal zeichnet der Schaden schon Jahre oder Monate vorher ab, und wenn das so ist, dann sind Sie selbst Schuld (siehe Kapitel: Vermeiden).

Beim geringsten Anzeichen eines Defektes ratet der Autor Ihnen zum sofortigen Austausch. Tun Sie es nicht, so werden Sie Ihre Trägheit eines Tages zu tiefst bereuen. Nicht umsonst ist Trägheit oder Faulheit eine Todsünde.
Die Kosten sind ähnlich der eines Verlust der Schlüssel. Unter Umständen noch höher, weil der Notdienst noch mehr Trara macht, das defekte Schloss aufzubohren. Wahrscheinlich benötigen Sie sogar einen Tischler, weil der Monteur den halben Türstock und die dreiviertel Türe mit beschädigt. Zum Glück, weiss der Mann gleich einen Schreiner, so ein Zufall....! Mit einigem Pech müssen Sie mit bis zum doppelten der Kosten eines Schlüsselverlustes rechnen.

Das sind dann schon zwei Monatsgehälter. Wollen Sie das bezahlen? Haben Sie echt so viel Geld? Also ich (der Autor) würde sich grün und blau ärgern, wenn er einen solchen Horrorbetrag einen dieser süffisanten selbstgerechten Möchtgernhandwerkern das Luxusleben zahlen würde. Wahrscheinlich würden Sie sich ebenfalls ärgern.

Der Lotto Sechser

Wer einen Schlüsseldienst betreibt, der braucht nicht Lotto spielen. Betreiber eines Schlüsseldienstes spielen nicht Lotto. Wozu auch? Es ruft täglich die Lottogesellschaft in Form von Kunden an und verkündet so was ähnliches wie den Lotto Sechser. "Hallo, ist da der Schlüsseldienst? Ich habe meinen Schlüssel verloren!" Wenn der Mann vom Notdienst diese Worte hört, braucht er sich um seine Zukunft keine Sorgen mehr machen. Er weiss, er hat ausgesorgt. Er hat ein Opfer gefunden, das er so richtig, aber so richtig schröpfen kann.

Überlegen Sie mal, warum der Notdienst so denkt?
Zu seiner sowieso schon übermässig honorierten Tätigkeit Ihre Schlösser zu öffnen, kommt nun noch ein Superbonus dazu. Dieser Zusatz vergoldet die Arbeit des Monteurs in kaum vorstellbarer Weise, und hart an der gesetzlichen Grenze. Manchmal überschreiten die Firmen sogar diese Grenze und nutzen die Not und Angst ihrer Kunden ohne jeglichen Skrupel aus.

Das Beste für den Notdienst am verlorenen Schlüsselbund ist:
Er kann eine Garnitur vollständig neue Schlösser montieren, und das lieber Leser, und das macht einen Einsatz erst so richtig teuer.

Er wird Ihnen verrechnen:

- Einsatzpauschale

- Sofortdienstzuschlag

- Anfahrtskosten (KFZ Pauschale)

- Kilometergeld (extra)

- Öffnungkosten

- Spezialwerkzeugkosten

- Ausbaukosten der alten kaputten Schlösser (Der Monteur hat sie zerstört)

- Einbaukosten der neuen Schlösser

- Zweite Wegzeit (Der Monteur hat kein passendes Schloss mit, ha, ha So ein Blödsinn, die Zylinder sind alle genormt)

- Die Kosten der neuen Schlösser (Und der Mann baut garantiert die teuersten Zylinder der Welt ein)

- Die Kosten neuer Türbeschläge

- Möglicherweise die Entsorgungskosten der alten Schlösser

- Möglicherweise Sonderdienst oder Feierabendzuschlag

- (Manche Schlüsseldienste verzögern die Montage, um in die Zuschlagszeiten zu kommen, und der Sonderdienst fängt manchmal schon 15 Uhr an)

- Möglicherweise einen zweiten Monteur (weil die Arbeit so schwierig ist)

- Umsatzsteuer

Klingt nach viel, oder?

Alles im allem kostet das fast soviel wie ein Kleinwagen,... jedoch mit einem kleinen Hacken: Den neuen Kleinwagen bekommen nicht Sie, sondern die Freundin des Schlüsseldienstchefs, und *Sie* haben der Dame das schmucke, neue Auto bezahlt!

Für den Schlüsseldienst ist der verlorene Schlüssel nahezu der Idealfall.

Öffnen – alte Schlösser raus – neue Schlösser rein – kassieren Herz was willst du mehr?

Die Frage des Kunden, ob dies auch wirklich notwendig sei, schmettert der geschickte Redner zurück und schürt bei seinen Opfern mächtig Angst.

"Na hören Sie mal, Sie wissen ja nicht wo Sie den Schlüssel verloren haben. In der Nacht kommt dann der Einbrecher, er ist Ihnen ja nachgegangen. Der Einbrecher weiss jetzt wo Sie wohnen!"

Oder: "Ich kenne da einen Fall einer Dame, die hat auch die Schlüssel verloren und nicht das Schloss getauscht. Ich kann Ihnen nur sagen, die Dame hat das bitterst bereut, denn eines Nachts bekam sie Besuch von zwei Männern....! Aber lassen wir das, ich will Ihnen ja keine Angst machen gnädige Frau!"

Oder: "Es ist Ihre Entscheidung, aber meiner Meinung nach ist das Sparen am falschen Fleck. Wenn Sie wollen, dass eines Tages Ihre Wohnung leer gefegt ist, dann lassen Sie es gut sein, aber ich kenne da einen Fall.... "

Sehr beliebt ist auch: *„Ein Kunde von uns wollte auch sparen und hat die alten Schlösser weiter verwendet, dem ist was grausliches passiert. Ein stadtbekannter Perverser hat durch einen halben Zufall den Schlüssel gefunden. Er hat sich dann tagsüber in Wohnung geschlichen und auf die Lebensmittel uriniert. Der Kunde ist dann extrem krank geworden, so ist das Ganze dann rausgekommen!* "

 Sie stehen unter Stress und der Mann vor Ihnen erzählt Ihnen die schlimmsten Szenarien, die man sich nur ausdenken kann. So bekommen Sie Angst und machen sich Gedanken über die Erzählungen des redegewandten Monteurs. Diese momentane Schwäche nutzt der Typ ohne Bedenken aus. Er nimmt Sie nach Strich und Faden aus. Klappt seine Einschüchterung nicht sofort, dann legt er mit noch grauenhafteren Storys noch mal nach. Auf diese Weise wird schnell mal aus Angst Panik, und dann sind Sie weichgekocht. Er kann eine Arbeit aufnehmen. Welche? Na ganz leicht, Ihnen ein Monatsgehalt aus der Tasche ziehen. Es ist völlig klar: Wer diese Horrorgeschichten hört, der entscheidet schnell, unlogisch und falsch.

Abgesehen von der goldenen Nase, die sich der Schlüsseldienst an Ihnen verdient, haben viele Notdienste überhaupt nur ein einzige Möglichkeit in Ihre Wohnung zu gelangen: Er muss Ihre Schlösser zerstören oder aufbrechen. Er kann nichts anderes! Er hat nie gelernt wie man fachgerecht Schlösser öffnen, ohne Beschädigung. Viele Notdienste haben überhaupt keine Berufsausbildung. Nichts gelernt, aber reich werden, verhindern Sie das!

Sie können gegen diese Vorgehensweise der Schlüsselfirmen einiges tun:

Passen Sie auf Ihre Schlüssel auf. Nicht gerade wie auf Ihren Augapfel, aber dennoch gut!
Ein Reserve-Schlüssel MUSS bei guten Freunden, Verwandten oder beim Nachbarn hinterlegt werden.

Sie können auch die Dienste eines anonymen Schlüsseldepot in Anspruch nehmen.

Selten, aber doch gibt es Leute mit einer bedingt empfehlbaren Lösung für dieses leidige Problem. Sie verstecken an verschiedenen Orten einen Reservesatz, oder sie vergraben ein Duplikat. Wie gesagt, diese Vorgehensweise ist nur eine absolute Notlösung und birgt jede Menge Risiko. Wenn Sie aber 100 Prozent sicher sind, dass wirklich niemand Ihr Versteck kennt und niemand Sie gesehen hat, dann können Sie einen Schlüssel vergraben oder an diesem unbekannten Ort verstecken.

Wenn es doch passiert:

Niemand ist gefeit davor, es kann trotz aller Vorsichtsmassnahmen zu einem Verlust des Schlüssel kommen.

In den allermeisten Fällen genügt folgende Ersthilfe:
Angst vor ungebetenen Gästen ist fast zu Gänze unbegründet. Die Gefahr, dass Ihr Schlüssel von ausgerechnet von Kriminellen gefunden wird ist zwar minimal da, aber als reale Gefahr kann man diesen Zufall nicht mehr einschätzen.
Bedenken Sie den Zufallsfaktor- Sie verlieren einen Schlüssel, und gerade in diesem Moment ist ein Verbrecher in der Nähe.... Ich bitte Sie, diese Konstellation ist schon sehr an den Haaren herbeigezogen, aber weil der Teufel manchmal doch nicht schläft:
Tauschen Sie als erste Hilfe ein Schloss aus, das müsste genügen. Später dann, wenn sich alles beruhigt hat und Sie sicher sind Ihr Schlüssel taucht nicht mehr auf, können Sie immer noch die anderen Schlösser ändern.

Spezial Rat:
Haben Sie immer ein Reserveschloss zu Hause. Im Notfall können Sie es selbst montieren oder tauschen. So ersparen Sie sich das sündhaft teure Schloss des Schlüsseldienstes zu kaufen.

Also: Schlüssel verloren? Kein Problem!

- Reserveschlüssel von den Verwandten/Freunden/Nachbarn holen
- Wohnung aufsperren
- Selbst das alte Schloss ausbauen
- Selbst das neue (Reserve) Schloss einbauen
- Fertig
- Geld gespart
- Gut schlafen!

Die alten Schlösser mit Bart

Manche dieser Dinger haben mehr als hundert Jahre am Buckel und tun noch immer ihre Pflicht. Leider sind die alten Hunde zum Aussterben verurteilt, aber es gibt sie immer noch. Glücklich derjenige, welcher ein solches Relikt sein Eigen nennen darf. Sie wissen schon wovon hier die Rede ist? Ja genau von diesen Riesenschlüsseln aus Eisen. Von diesen antiquarischen Geräten gibt es viele, viele unterschiedliche Ausführung und Patente, meistens hat man jedoch als normaler Mensch nur mir zwei Arten zu tun.

Das einfache Buntbartschloss

Diese Schlüssel kennen Sie bestimmt. Die sind ganz einfach.
Bei diesem Schlüssel hat der Bart keine Zacken. Die Sicherheit der Schlösser ist lediglich durch die Form des Bartes bestimmt. Und die ist damit nicht gerade hoch, in Ihrem Fall ein Vorteil! Haben Sie eines dieser einfachen Schlösser, dann haben Sie bereits gewonnen, den die sind wirklich leicht zu öffnen

Sieht Ihr Schlüssel so, oder so ähnlich aus? Dann haben Sie gute Chancen mit einem Sperrhaken

Mit einem einfachen Sperrhaken lässt sich dieses Schloss im Handumdrehen, und das ist hier wörtlich gemeint, öffnen. Der Grund für die leichte Überlistung ist die Einfachheit der Bauart. Im Grund genommen ist es fast eine Frechheit Schloss zu diesem Eisenteil zu sagen. Sie müssen sich lediglich einen Sperrhaken besorgen, der „so halbert" ins Schloss passt. Mit etwas Geschicklichkeit (wirklich nur wenig Geschicklichkeit) ist das Schloss schnell aufgesperrt. Sie müssen nur ein wenig wissen, was zu tun ist. Und das ist nicht viel. Im Schloss ist befindet sich nämlich nur der Riegel (das ist der Teil, der sich aus der Türe raus und rein bewegt) und einer einzigen Zuhaltung (das ist der Teil der das Schieben des Riegels verhindert) --->>>
Also: Zuhaltung heben – Riegel zurück ziehen. Das geht in einer einzigen Bewegung und dauert 3 Sekunden! Das beste daran ist, dass der Schlüsseldienst daran keine einzige Mark/Gulden/Cent verdient. Die Euros bleiben bei Ihnen und Sie können sich was schönes kaufen.

Der echte (tosische) Schlüssel –

oder ein echtes Sicherheitsschloss

Uje! Haben Sie ein solches Schloss? Haben Sie so einen Schlüssel bei dem der Bart Zacken hat? Das kann ein bisschen blöd werden. Die können Schwierigkeiten machen. Mit einem einfachen Sperrhaken geht da gar nichts. Sie bräuchten einen Satz von vielen verschiedenen Sperrhaken, und den besitzt ja kein normaler Mensch.

Sieht Ihr Schlüssel so aus? Dann wird es etwas schwierig

So leid es dem Autor tut, es bleiben nicht viele Möglichkeiten. Entweder Sie finden einen anderen Weg ins Haus oder ins Zimmer (oft sind diese Schlösser sowieso innerhalb der Wohnung montiert), oder es bleibt Ihnen nur eine Öffnung mit Beschädigung...
Aber bitte nicht mit dem Brecheisen! Sie zerstören mehr als Sie müssen. Sie müssen die Tür nicht aufbrechen!
Es geht auch mit kleinerem Schaden. Zugegeben, es ist nicht einfach sein Schloss kaputt zu machen, aber angesichts des Betrages, den man sich ersparen kann, nimmt man die Unanehmlichkeiten gerne in Kauf.

Schwierig aber möglich
Eine Bohrmaschine leistet gute Dienste. Schrauben Sie als erstes den Beschlag ab. Der beste Punkt zum Anbohren ist etwa 10 bis 20 Millimeter über dem Schlüsselloch. Dort entfernen Sie das Holz,

aber bleichen Sie unbedingt dort, wo der Beschlag alles wieder abdeckt. Versuchen Sie es wenigstens. Sie können nun das Holz wegbrechen oder wegbohren, bis Sie das Blech des Schlosskastens sehen. Dann bohren Sie mit einem 5 Millimeter Bohrer durch das Blech, am Besten an mehreren Stellen. 5 oder 6 Löcher neben und untereinander werden ausreichend sein, auch für einen Laien. Wenn Sie die kleinen Bohrlöcher nun miteinander verbinden, dann sollte ein etwa 20 Millimeter grosses Loch in Ihrem Schlosskasten sein. Sie können nun das „Eingemachte" des Schlosses sehen. Jetzt bohren Sie den „Scherstift" einfach weg. Der Scherstift ist das, was den Riegel am Schieben hindert (siehe Bild) Bohren Sie die Sperre einfach weg! Dann schieben Sie den Riegel zurück und die Türe ist offen. So, nun bauen Sie alles aus und gehen zum Baumarkt und kaufen ein neues Schloss. Einbauen – Beschlag drauf – Fertig!

Es ist eine schwere Arbeit
Ja, der Autor weiss, dass dies schwer ist und nicht jedermann kann das auch auf Anhieb. Denken Sie an die Alternative.... Ein Schlüsseldienst, der das selbe macht und Ihnen unter Umständen einige Hundert Euro abnimmt – Wollen Sie das? Also reissen Sie sich zusammen und beissen Sie in den sauren Apfel. Und wenn Sie drei Stunden für dieses Arbeit brauchen, oder vier, oder gar fünf, na und? 500 Euro sparen für 3, 4, oder 5 Stunden Arbeit, auch nicht schlecht, oder?

Das obere Schloss

Viele Bürger haben auf Ihren Eingangstüren ein Zusatzschloss angebracht. Es soll Einbrecher abhalten, was es ja auch tut. Soweit eine gute Sache, bis man selbst vor der Tür steht und vergeblich nach dem passenden Schlüssel in seinen Taschen kramt. Zuerst sucht man ohne hinzusehen, dann greift man genauer hinein und sucht, dann schüttet man den Inhalt der Tasche aus und dann weiss man es eigentlich schon. Vor Ihnen liegt der gesamte Inhalt Ihrer Hand- oder Jackentasche, von der Haarspange, bis über Papiertaschentücher, alte Batterien, Handy, Plastik-Eislöffel, leerer Kugelschreiber, Visitenkarten von Leuten die Sie vergessen haben, eine Kalender von 1979, eben alles nur kein Schlüssel.
Was Sie in diesem Fall bei Ihrem Zusatzschloss tun können, um das geht in diesem Kapitel.

Von Aussen gesehen
Von Aussen sehen Sie nur einen runden Zylinder? Stimmt das?

Dann gibt es für Normalsterbliche keinen Weg ohne Beschädigung das Schloss zu öffnen. Das ist so. Die gute Nachricht ist, dass sich der Schaden in Grenzen hält. Das eigentliche Schloss, das heisst der Schlosskasten, bleibt dabei überhaupt völlig unversehrt. Der Schlosskasten ist der Teil, der sich innen an der Tür befindet. Kaputt wird nur der runde Zylinder und der kostet kein Eckhaus.
Sie benötigen eine Bohrmaschine, einen 5 oder 6 Millimeter Bohrer, eine Rundzange (eine Zange mit zwei runden Backen) und einen festen Schraubenzieher. Sonst nichts. Wenn Sie keine Zange auftreiben können, zwei kleinere Schraubenzieher tun`s auch.

Zwei gebohrte Löcher, mehr ist nicht notwendig

Setzen Sie den Bohrer an und bohren Sie einfach durch den Zylinder durch. Zwei Löcher. Links und rechts vom Schlüsselloch. Auf dem Bild unten sehen Sie, wo die besten Punkte sind. Mit Glück, mit grossem Glück haben Sie die Befestigungsschrauben gleich weggebohrt und der Zylinder fällt von selbst heraus. Mit weniger Glück müssen Sie den Zylinder rausbrechen. Keine Angst, das klingt nur furchtbar, ist es aber nicht. Genau genommen brechen Sie nur die Schrauben ab. Das heisst, Sie biegen die Schrauben so oft hin und her, bis diese abreissen. Das kennen Sie sicher.
Passen Sie auf, das geht wirklich leicht: Sie haben nun diese zwei Löcher in Ihrem Zylinder. In diese Löcher stecken Sie die runde Zange. Ins offene Maul (Das heisst so) der Zange stecken Sie den Schraubenzieher quer zur Zange. Mit Kraft und Hebelwirkung des

grossen Schraubenziehers drehen Sie den Zylinder links – und
rechts – links und rechts immer wieder links und rechts. Sie können
auch sagen mit der Uhr – gegen die Uhr. Solange bis die Schrauben
abbrechen und Sie den runden Zylinder rausnehmen können.

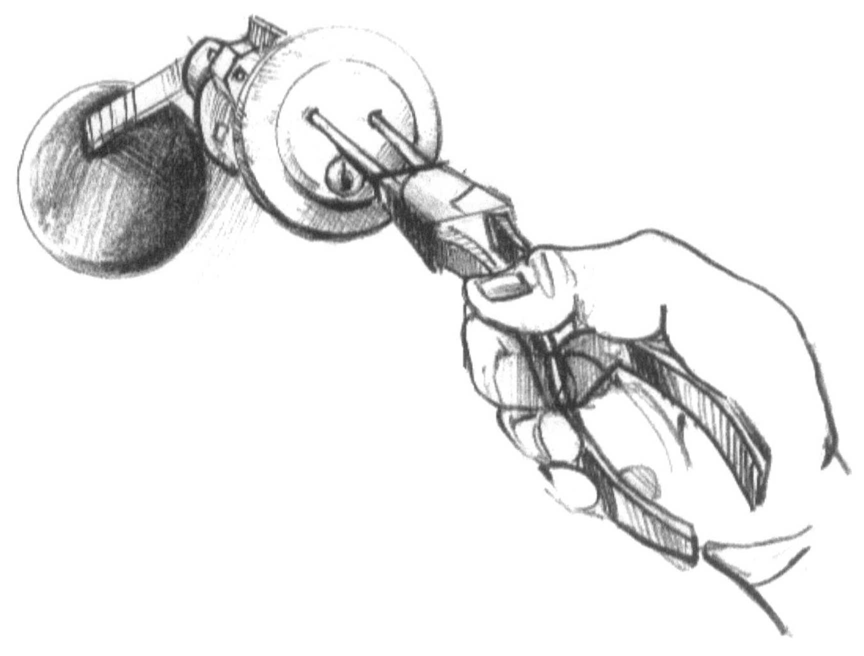

Sie sehen nun ein etwas 5 Zentimeter grosses Loch an Ihrer Türe.
Am Boden des Loches sehen Sie die Grundplatte mit einem kleinen
Schlitz. In diesen Schlitz stecken Sie einen Schraubenzieher und
drehen. Das Schloss öffnet sich.
Ja, das ist alles, mehr ist nicht dahinter. Keine Sorge, das schaffen
Sie   !

Fenster

Wenn es durch die Türe gar nicht geht, oder nicht ohne gröbere Beschädigung, probieren Sie es durchs Fenster. Gehen Sie einmal kurz ums Haus und schauen Sie ob ein Fenster offen oder gekippt ist. Steht eines offen, erübrigt sich wohl jedes Wort.

Gekippt ist offen

Ist ein Fenster gekippt, haben Sie ebenfalls bereits gewonnen! Ein gekipptes Fenster ist ein offenes Fenster, lautet ein bekannter Spruch. Es gibt einige einfache Tricks, um dieses Problemchen zu lösen. Sie benötigen dazu kein richtiges Werkzeug, nur einige Kleinigkeiten, die äußerst leicht aufzutreiben sind und wahrscheinlich auch bei Ihnen herumliegen. Ein Stück Schnur wird sicherlich aufzutreiben sein? Mehr brauchen Sie nicht. Der Autor dieser brillanten Fibel verwendete jahrzehntelang ausschließlich nur eine Schnur und hat unzählige gekippte Fenster damit geöffnet, eben aus dem einfachen Grund, weil ein Strick oder eine Schnur immer gefunden wird. Die Wäscheleine, die Schnürsenkel, vom Kapuzensweater der Kragenzug, wie gesagt irgendwas findet sich immer. Jetzt brauchen Sie nur mehr eine Leiter oder einen anderen Podest zum aufsteigen, da meist das Fenster weiter oben liegt als Sie greifen können, es sei denn Sie wären mein Cousin (Er misst unglaubliche 2 Meter 15). In einem Garten wird das leicht möglich sein. Eine richtige Leiter wäre natürlich ideal, aber manchmal etwas schwierig zum Auftreiben, also muss Ersatz her. Sehr gut geeignet ist der Altpapiercontainer. Seltsamer Weise hat er öfter als, dass es Zufall sein könnte die richtige Höhe. Ein kleiner Tipp: Steigen Sie nicht auf den Deckel, sondern öffnen Sie die Tonne und steigen Sie aufs Altpapier. Der Kunststoffdeckel würde garantiert unter Ihrem Gewicht einknicken. Ein Schlossermeister spricht hier aus Erfahrung.
Als erstes knüpfen Sie in ein Ende der Schnur eine einfache Schlinge. Sie muss nicht schön sein, die einzige Bedingung ist, die Schlinge muss sehr leicht zum Zuziehen sein.

Sie legen die Schlinge durch den seitlichen Spalt über den Fenstergriff und ziehen die Schlinge zu. Leicht ist das nicht, das behauptet niemand. Sie müssen mit etwas Geschick an die Sache ran gehen. Ist das geschafft, müssen Sie es irgendwie schaffen das Fenster zu schliessen. Am leichtesten geht das indem Sie zweite Schnur an den oberen Mechanismus (Sie wissen schon, die Mechanik die zwischen Kippen und Öffnen umstellt) anknüpfen. An dieser Schnur ziehen Sie nun kräftig an, bis sich das Fenster schliesst. Sobald das Fenster geschlossen ist, lässt sich der Hebel mit der anderen Schnur umlegen und der Flügel geht auf. Ist wirklich nicht schwer, oder?

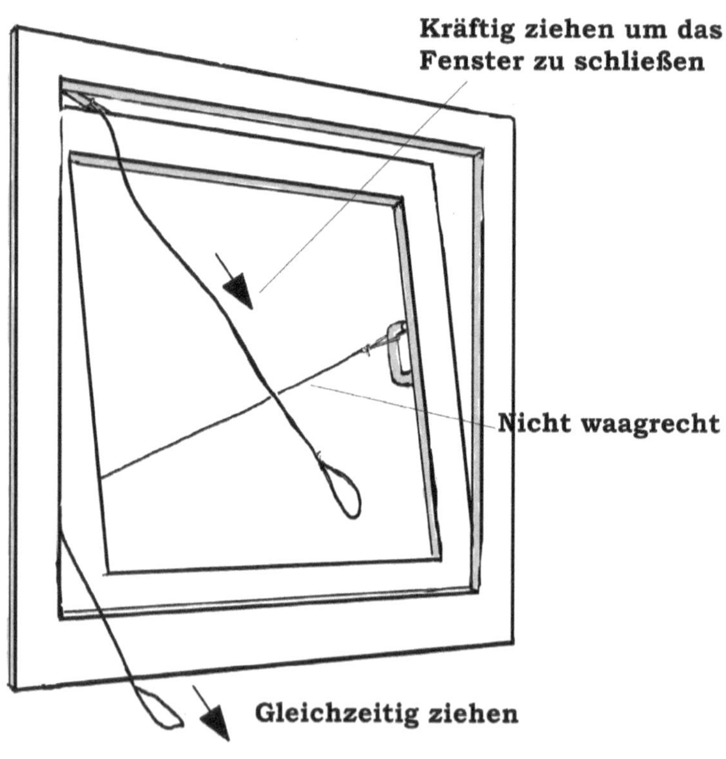

Fenster Raus – Fenster Rein

Was nun kommt ist kein Blödsinn, das ist ein guter Tipp! Viele Einfamilienhäuser oder Reihenhäuser sind mit schweren einbruchshemmenden Sicherheitstüren ausgestattet. Tut mir leid, Ihnen das sagen zu müssen, aber bei diesen Türen beisst sich oft der beste Einbrecher die Zähne aus, und Sie als Laie sowieso. Vergessen Sie es, so eine dreihundert Kilo Tür zu öffnen, Sie werden es nicht schaffen. Bevor Sie sich jetzt ein neues Haus kaufen (weil Sie ja ins alte nicht mehr hinein können) bekommen Sie einen Super Bonus Tipp. Es ist nämlich so, dass die meisten Schlüsselmissgeschicke passieren, wenn man noch nicht lange im neuen Haus wohnt. Der Grund ist leicht erklärt. Viele Leute haben vorher in einer Wohnung gewohnt und da ist man eben nicht in den Garten gegangen, man hatte ja keinen. Jetzt ist alles neu und der Garten ist schön, da geht man dreissig mal Tag raus und rein. Nur einmal geht man ohne Schlüssel raus, dann passiert das Unglück. Die schwere Tür ist zu. Aus Erfahrung weiss der Autor folgendes. Diese Fälle passieren dermassen bald nach dem Einzug, dass diese schöne Häuser noch ganz nicht fertig ist. Es fehlt in den allermeisten Fällen die Fassade, die schöne Hütte ist aussen noch ein Rohbau. Das ist gut so. Sie nehmen ein Messer und schneiden ein Fenster raus! Nicht das Glas, sondern den ganzen Fensterstock. Ja, Sie haben richtig gelesen, das ganze Fenster mit Rahmen und Stock. Die Fenster sind doch nur mit aushärtendem Kunststoffschaum in der Maueröffnung befestigt, „eingeschäumt". Wissen Sie eigentlich, wie leicht so Fenster raus geht? Keine fünf Minuten und Sie können das ganze Zeug rausnehmen und in Ihr schönes Haus hüpfen. Aber Achtung, die Dinger sind verdammt schwer. Nächsten Tag fahren Sie in den Baumarkt und holen sich eine Dose PU-Schaum, um ein paar Euro und montieren das Fenster wieder. Klingt nach Arbeit, das stimmt, aber besser als eine Sicherheitstüre kaufen, um ein kleines Vermögen, weil die Tür nur mit dem Schneidbrenner auf geht. Abgesehen davon müssen Sie mindestens drei Monate warten bis die neue Tür geliefert wird und unter 5000 Euro nicht zu haben ist. Da steigen Sie mit dem Fensterschneiden wesentlich besser aus, oder?

Anmerkung:
Diese Art den Schlüsseldienst zu sparen geht wohl nur bei Häusern oder Reihenhäusern. Bei einer Etagenwohnung im 22 Stock ist das schwer möglich. Der Autor ist sich dessen bewusst. Dieses Kapitel ist halt nur für Leute mit Hauserl. Also Leute, wenn dieser Tipp nichts für Sie ist, weil Sie kein Haus haben: Regen Sie sich nicht auf! Besser ist, Sie kaufen sich ein Häuschen, dann können Sie diesen Tipp auch nutzen.

Klirr – Da schmeiss ich doch das Fenster ein

Achtung – Achtung: Explizite Warnung!

Wozu einen Schlüsseldienst bezahlen, wenn man das Fenster einschlagen kann. Sie meinen, das ist eine gute Idee in Ihrer Mietwohnung die Fensterscheibe oder die Glastüre einzuschlagen, um dann mehr oder weniger bequem einzusteigen oder durchzugreifen? Nein, das ist es nicht. Das ist ganz und gar keine gute Idee! Es ist ja nicht Ihr Fenster, Sie sind „nur" Mieter. Es ist nicht Ihr Haus, es ist nicht Ihre Türe, es ist nicht Ihr Fenster. Wie alles auf der Erde, hat auch ein Fenster einen Eigentümer.

Auf deutsch: Das Fenster oder die Türe Ihrer Mietwohnung gehört dem Hauseigentümer und nicht Ihnen! Sie dürfen dieses Fenster nicht einschlagen. Der Eigentümer des Fensters hat es wahrscheinlich nicht gerne, dass Sie sein Eigentum zerstören. Egal aus welchem Grund, denn es wird dem Hauseigentümer völlig egal sein, warum Sie sein Fenster oder seine Tür aufgebrochen haben.

Ein weiser Rat des Autors lautet:
Holen Sie sich die Erlaubnis ein Fenster einzuschlagen vorher, am Besten schriftlich! Dies wird Ihnen strafrechtliche Verfolgung ersparen und schafft juristische Sicherheit. Wenn aus Zeitmangel eine Erteilung einer Genehmigung nicht möglich ist, so ist es Ihre Entscheidung und Sie müssen Ihr Handeln verantworten und begründen müssen.

Nochmals: Niemand lässt sich gerne etwas zerstören – Verstehen Sie das?
So, und nochmals – Klipp und Klar:
DAS NENNT DER GESETZGEBER SACHBESCHÄDIGUNG

Das Vorhangschloss

Fast jeder benutzt irgendwo ein Vorhangschloss. An der Kellertür, auf einer alten Kiste, beim Gartenhaus, oder sonst wo. Es gibt Tausende Einsatzgebiete. Das blöde an der Sache ist nur, so praktisch die Dinger auch sind, leider hat der Schlüssel die Angewohnheit besonders leicht zu verschwinden. Man hängt ihn an das Schlüsselbrett und aus unerklärlichen Gründen ist er einige Tage später spurlos verschwunden. Niemand kann sagen, warum der Schlüssel nicht mehr dort liegt „wo er immer liegt". Egal warum, weg ist er. Er taucht erst wieder auf, wenn man ihn nicht mehr braucht. Warum das so ist kann Ihnen nur ein Theologe erklären. Grob lassen sich die Vorhangschlösser in zwei Gruppen trennen. Billig und teuer, wie überall. Als Faustregel gilt: Die billigen Vorhangschlösser, sind die von selbst einschnappen. Bügel runter drücken und zu ist das Schloss. Dreht man mit dem Schlüssel eine halbe oder viertel Umdrehung springt das Schloss wieder auf.

Die teuren und stabilen sind ein ganz anderes Kapitel. Das sind (meist) diejenigen die nicht schnappen. Sie sind federlos. Der Bügel wird ohne Kraft ins Gehäuse geschoben und dann wird es mit dem Schlüssel verriegelt.

Öffnen eines billigen (einfaches) Vorhangschloss mit Glück

Sie benötigen ein extra dünnes Blech. Dieser Blechstreifen muss zwischen Bügel und Gehäuse geschoben werden. Direkt in die Bohrung. Der Sinn dieses Vorhaben ist den Anker (die Rückhaltevorrichtung) zurück zudrücken damit der Bügel frei gelegt wird und durch die Federkraft aus dem Gehäuse springen kann. Das geht ganz gut, wenn man in der Lage ist ein geeignetes Blech aufzutreiben. In Fachsprache nennt man diese Werkzeuge Shims. Kann auch mit einer stabilen Kunststoffplatte gelingen.

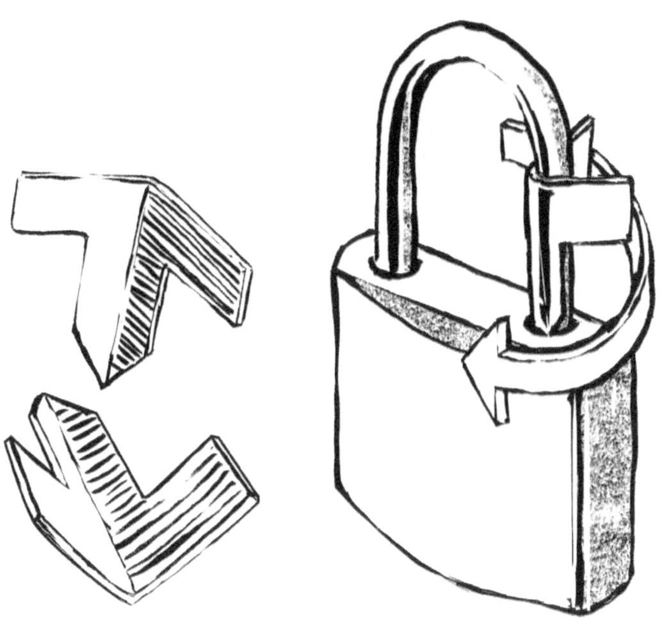

Der Autor öffnet die billigen Vorhangschlösser auch manchmal mit einer längeren Nähnadel. Diese Tätigkeit erfordert allerdings etwas Übung, dann aber gelingt es oft. Die Vorgangsweise ist recht einfach. Sie führen die Nadel in das Schlüsselloch ein, soweit bis die Nadelspitze am Anker aufsetzt. Mit einem Ruck ziehen Sie den gefederten Zapfen zurück und der Bügel ist frei und springt auf. Wenn Sie einen kleinen Schraubenzieher im Schlüsselloch verkeilen, dann lässt sich die Nadel wie ein Hebel bewegen. Der kleine Schraubenzieher ist die Drehachse, So lässt sich mehr Kraft übertragen.

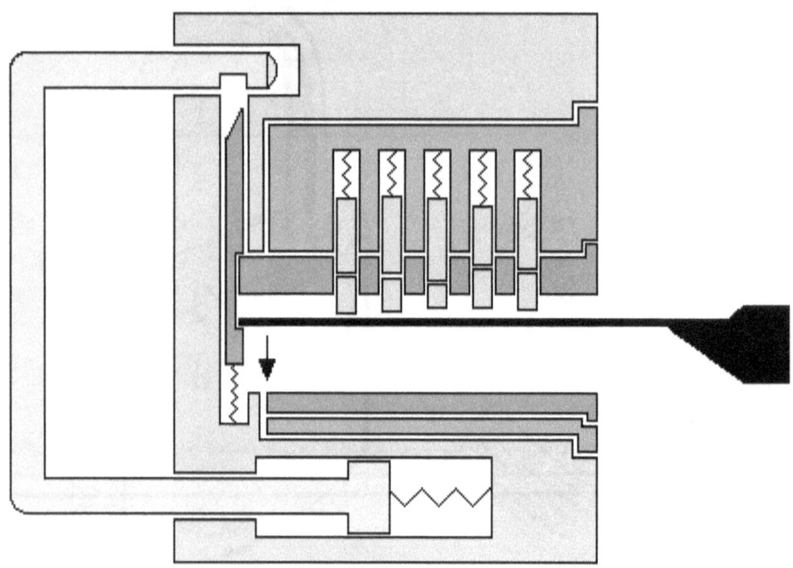

Zwick – Zwick

Kleinere Fabrikate mit dünneren Bügeln lassen sich mit einem ordentlichen Bolzenschneider durchtrennen. Das Material der einfachen Schlösser ist nicht besonders hart.

Öffnen eines stabilen Vorhangschloss

und eines widerspenstigen billigen

Die teuren Vorhangschlösser lachen Sie aus, wenn Sie mit Nadeln und Schraubenziehern oder mit einem Bolzenschneider auftauchen. Mit diesen Werkzeugen werden Sie keinen Erfolg haben. Die Bügel sind so extrem gehärtet, dass sich selbst mit einem übergrossem Bolzenschneider kaum Spuren auf den Stahl abzeichnen, ein durchtrennen ist völlig ausgeschlossen.
Schauen Sie sich als erstes die Überfalle an. Die Überfalle ist die Befestigung wo das Schloss durchgesteckt wird. Das heisst halt so. Manchmal ist das Blech nicht ordentlich montiert und lässt sich mit

einem starken Schraubenzieher ausheblen. Die Tür wird dadurch etwas beschädigt, aber das kann man ja leicht wieder reparieren. Ist die Überfalle stabil und fest montiert (angeschweisst auf einer Blechtür, oder durchgeschraubt), funktioniert das runterbrechen nicht.

Da muss man mit harten Bandagen aufwarten.

Mit der Trennscheibe (was sonst?)

Entweder Sie schneiden den Bügel mit einer Trennscheibe oder mit einem Dremel durch. Eine Diamantscheibe erleichtert dieses Vorhaben ungemein. Der Vorteil ist bei Vorhangschlösser ist, dass man sich in den meisten Fällen vorbereiten kann. Das Missgeschick trifft Sie nicht aus heiterem Himmel. Sie wissen ja schon seit Wochen, dass Sie den Werkzeugschober in Garten öffnen müssen. Sie können also in aller Ruhe das geeignete Werkzeug auftreiben.

Zur Handhabung beider Geräte braucht man nicht viel zu sagen, ausser der Hinweis auf Schutzbrille und Handschuhe. Die heissen Funken sind äusserst unangenehm auf der Netzhaut und auch ungesund.

Ein Tipp des Meisters: Befestigen Sie das Schloss mit einem Klebeband. Kleben Sie das Schlossgehäuse an, der Bügel sollte logischerweise frei bleiben. Auf diese Wiese haben Sie beide Hände frei zum Arbeiten und können das Werkzeug besser führen. Ein grosser Vorteil ist auch, wenn Sie abrutschen landet die Trennscheibe in der Tür und nicht in Ihrer Hand. Besser das Holz hat eine Schramme, als der Finger liegt am Boden.

Bügelschlösser – Fahrradschlösser

Es gibt viele Wege um Fahrradschlösser zu öffnen, aber nur wenige sind effektiv. Der Arbeitsaufwand für eine beschädigungslose Öffnung übersteigt in vielen Fällen den Wert des Schlosses. Es wäre ja sinnlos sich vier Stunden mit der Kombination zu spielen, wenn das ganze Schloss weniger kostet als eine Flasche Bier. Darum rät der Autor zur Gewaltöffnung. Zeit ist ein wichtiger Faktor!

Die billigen Exemplare

Einfache, ganz billige Fahrradschlösser bestehen unterm Kunststoffmantel aus einem Drahtseil. Mit einem Seitenscheider (Elektriker-Werkzeug) lassen sich die einzelnen Drahtlitzen gut durchzwicken. Also nicht alle auf einmal, sondern immer zwei oder drei Drähte, dann sind Sie in fünf Minuten fertig.

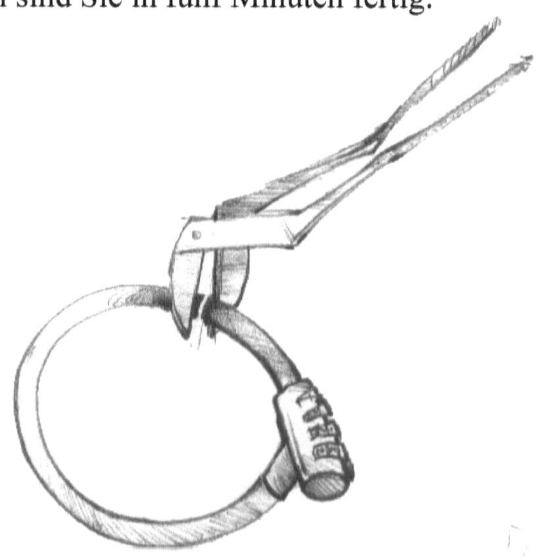

Die billigen Schlösser lassen sich leicht und einfach aufzwicken

Die stabilen Bügelschlösser

Bei den teuren und stabilen Bügelschlössern haben Sie mit Kneifzangen und Bolzenschneidern keine Chance. Es sind diese Giganten, mit denen Motorräder oder teure Fahrräder gesichert werden. Da können Sie zusammendrücken so fest Sie können, es wird nicht einmal eine Kerbe entstehen. Die Bügel bestehen aus Spezial-Chrom-Vanadium-Titan-Weltraum-Edel-Stahl und sind mit so ziemlich nichts zu zerstören. Sie können sich die Mühe sparen und mit einer grossen Zange anrücken, und nach einer halben Stunde mit zerstörtem Werkzeug und rotem Kopf wieder abzuziehen. Das Schlüsselloch aufbohren, das können Sie ebenfalls vergessen. Das ist genauso gut gesichert. Sie würden Unmengen an Bohrern verbrauchen. Vergessen diese Methoden!

Also, auch hier wird die Trennscheibe das letzte Wort sprechen. Bei diesen Superschlössern werden Sie garantiert eine Diamantscheibe benötigen, mit normalen Keramik-Scheiben kommen Sie nicht weit. Der Verschleiss von normalen Scheiben wäre zu hoch.

Gehen Sie direkten Weg:

- **Schloss mit Klebeband fixieren**
- **Brille**
- **Handschuhe**
- **Durchschleifen.**

Alles andere ist für die Katze und völlig sinnlos.

Wenn Sie keine Trennscheibe besitzen und keine kaufen möchten, oder wenn Ihnen dieses Werkzeug zu laut ist, dann bleibt Ihnen der folgende Tipp.

Es gibt noch Möglichkeit gibt es noch, die auch zu Erfolg führen kann. Sie verklemmen einen Hydraulikbock (das ist sowas womit man Autos aufhebt) oder einen mechanischen Wagenheber im Bügelschloss und pumpen diesen dann auf. Die Kraft des

Wagenhebers kann den Bügel sprengen. Hydraulikböcke gibt es bis 10 Tonnen Hebekraft (oder noch mehr). Das sollte genügen. Vielleicht kennen Sie jemanden bei der Feuerwehr oder in Autowerkstatt, er wird Ihnen das Werkzeug borgen. Kaufen ist nicht drinnen, kostet viel mehr als eine kleine Trennscheibe.

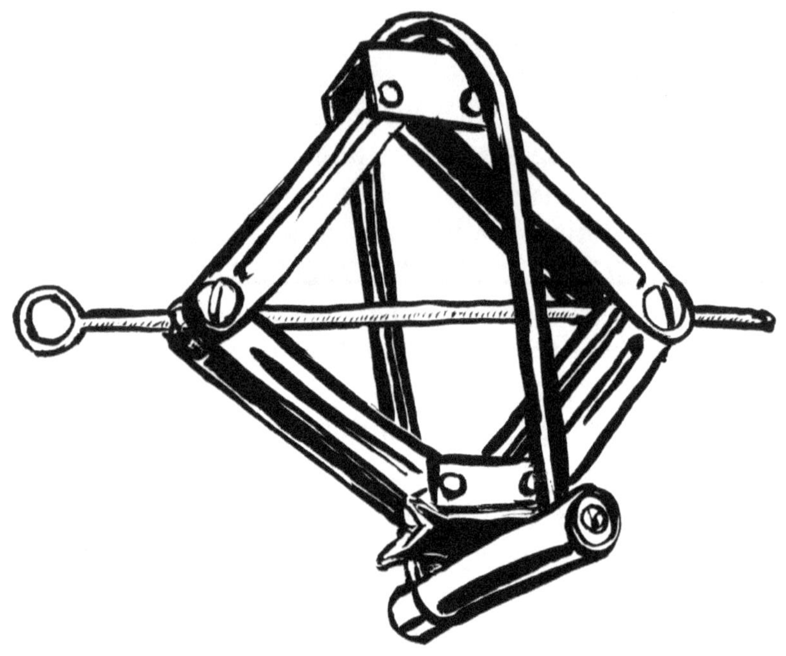

Mit einem Wagenheber ist ein leichtes Spiel

Nicht ganz so stabile Bügelschlösser (also eigentlich der Normalfall) können Sie mit einem durchschnittlichen Wagenheber von Ihrem Auto zerstören. Sie verklemmen den Wagenheber einfach zwischen den Bügeln und drehen, oder pumpen. Die Kraft wird ausreichen und das Fahrradschloss zum Bersten bringen.

Werkzeug

Wenn man vor der Wohnung steht, dann hat man nicht viele Werkzeuge zur Verfügung, das ist sonnenklar. Aber man braucht nicht viel, um eine Tür zu öffnen, und meistens kann man sich das ausborgen. Beim Nachbarn, beim Hausmeister, bei der Tankstelle bei der Sie immer tanken, oder in einem kleinen Geschäft in Ihrer Nähe. Irgendein Laden indem Sie öfter mal Semmeln oder eine Zeitung holen. Der Autor ist sich sicher, dass Ihnen gerne geholfen wird, wenn Sie sagen, dass Sie in einer Notsituation sind. Wenn Sie sagen Sie haben absolut keinen Bock den Schlüsseldienst zu finanzieren, dann sind alle auf Ihrer Seite! Darauf können Sie wetten.

Was brauchen Sie? Das kann man pauschal nicht sagen. Es kommt darauf an, was Ihnen passiert. Bei „nur zugefallener Tür" benötigen Sie weniger Werkzeuge als bei „Schlüssel verloren". Einen Überblick gibt es hier trotzdem, damit Sie wissen was auf Sie zukommen kann. Möglicherweise stellen Sie sich schon im Vorfeld ein „Schlüsseldienst Notfall Set" zusammen und deponieren es im Keller, am Dachboden, im Auto, beim Nachbarn, am Arbeitsplatz, oder sonst wo.

Taschenmesser

Ein Multifunktions Taschen Messer (Schweizer Messer, Leatherman) ist eine brillante Erfindung, so eines sollten Sie sowieso besitzen. Auf diesem tragbaren Werkzeugkasten sind viele brauchbare Geräte vorhanden. Seit einigen Jahren auch eine Zange, mit der man auch etwas anfangen kann.

Zangen

Eine Zange ist immer gut. Rohrzange, Kombizange, Rundzange, Flachzange, irgendeine werden Sie schon auftreiben. In den Not-Koffer sollten alle Platz finden. Tut ja nicht weh.

Schraubenzieher (Schraubendreher)
Gross – mittel – klein
Das ist nicht schwer zu verstehen, oder?

Schere und Messer

Es gibt immer was zu schneiden, und sei es nur eine Öffnungskarte aus einer Plastikflasche. Sie sehen, selbst diese Haushaltswerkzeuge können nicht schaden.

Öffnungsdraht

WICHTIG – WICHTIG – WICHTIG
Eines der wichtigsten Werkzeuge in Ihrem Notfallset!
Einen gebogenen Draht sollten Sie auf alle Fälle irgendwo in Wohnungsnähe oder beim Haus verstecken. Der Draht sollte aus Federstahl sein, ein sehr fester Stahl. Das Problem ist, dass niemand eine Rolle Federstahl zu Hause stehen hat. Wahrscheinlich auch Sie nicht. Was also tun? Ganz einfach, Sie müssen eine Alternative finden. Und es gibt eine: Eine Speiche eines Fahrrads! Die findet man überall. Bitte zwicken Sie aber keine Speiche aus dem Rennrads Ihres Nachbars! Entnehmen Sie die Speiche aus einem alten, wenn möglich nicht mehr fahrtauglichem Rad. Mit den Schneidebacken einer guten Kombizange lässt sich die Speiche leicht aus dem Rad heraus zwicken. Mit zwei Zangen lässt sich der Stahldraht ohne Mühe zu einer Öffnungsnadel (Öffnungsdraht) biegen. Ist zwar nicht extrem hart, aber für Ihre Zwecke reicht das vollkommen aus.
Skizze

Bohrmaschine

Akku ist besser als ein Model mit Kabel. Der Grund muss hier wohl nicht erklärt werden. Eine Bohrmaschine in Notkoffer ist zwar eine gute Sache, aber doch selten in der Praxis. Im Notfall ausborgen beim Hausmeister oder Nachbarn. Vielleicht ist ein kleiner Gewerbebetrieb in Ihrer Nähe, oder eine Werkstatt. Die Leute borgen Ihnen sicher eine Bohrmaschine, wenn es darum geht den Schlüsseldienst eins auszuwischen! Aber der Autor dieser Fibel hat noch einen guten Tipp für Sie. Selbst, wenn Sie auch im ersten Moment aufschreien, lassen Sie den Tipp einwirken und überlegen Sie nochmals und genau: Kaufen Sie eine Bohrmaschine! Dann, wann Sie eine brauchen! Und es gibt keinen besseren Grund und Möglichkeit eine Bohrmaschine zu erstehen, als wenn man dadurch den Schlüsseldienst vermeidet, Sie werden überrascht sein, wie billig diese Elektrowerkzeug mittlerweile sind. Mit Glück finden Sie ein Gerät, welches gerade mal 5% (!) eines Schlüsseldienst-Einsatzes kostet. Wenn das kein Argument ist, dann kann Ihnen niemand mehr helfen. Ausserdem sind Sie nach dem Gebrauch stolzer Besitzer einer Bohrmaschine, ist das vielleicht nichts?

Bohrer

Zu einer Bohrmaschine gehören auch Bohrer. Stahlbohrer und Hartmetallbohrer. Mit den Stahlbohrern lässt sich Eisen und Messing (Zylinderschlösser sind meist aus Messing) mühelos zerbohren. Die Hartmetallbohrer leisten gute Dienste bei gehärteten Zylinderschlössern. Ein paar verschiedene Grössen sollten Sie schon parat haben. In Ihre Tasche gehören je zwei Stück: 5 – 6 – 8 – und 10 Millimeter Bohrer. Das sollte ausreichen, um jegliches Schloss aufzubohren.

Trennscheibe (FLEX)

Eine Trennscheibe braucht man sehr selten, aber wenn man eine braucht, dann ist man sehr froh eine zur Verfügung zu haben. Muss keine Riesenmaschine sein, es gibt seit vielen Jahren kleine handliche Trennscheiben. Kaufen Sie eine, wenn Sie eine brauchen! Kostet einen Pappenstiel, und leistet hervorragende Dienste.

Dremel

Ein Dremel ist ein Superwerkzeug! Der Autor hat mindestens fünf davon. Sie können mit einem Dremel so viel machen, das glauben Sie gar nicht. Ein Dremel sieht so ähnlich aus wie ein Stabmixer, aber anstatt des Mixaufsatzes wird vorne zum Beispiel eine

Minitrennscheibe eingespannt. Mit dieser Minitrennscheibe lassen sich Vorhangschlösser, Fahrradschlösser und Bügelschlösser durchtrennen. Man kann damit auch Schutzbeschläge wegschneiden, um den Zylinder freizulegen. Tolle Sache! Ein gewaltiger Vorteil eines Dremels ist, dass die Handhabung sehr leicht ist. Mit einem Dremel kann wirklich jeder umgehen, auch Sie! Abgesehen davon ist das Werkzeug extrem billig. Die Minitrennscheiben sind meist dabei. Es schadet aber nicht, wenn Sie noch ein oder zwei Stück als Reserve kaufen. Für sehr harten Stahl gibt es Diamant-Trennscheiben. Sie brauchen keine Angst haben, die kosten zwar etwas mehr, aber im Vergleich zu einem Schlüsseldienst sind das Erdnüsse.

Hammer

Ein Hammer. Dazu kann man nichts schreiben. Ein stinknormaler Hammer eben. 500 Gramm
Ende des Kapitels

Sperrhaken

Dazu kann man ebenfalls nicht viel sagen. Mit einem Sperrhaken kann man viele der alten Schlösser aufsperren. Die Schlösser, bei denen der Schlüssel einen „Bart" hat. Haben Sie noch so ein Schloss? Dann besorgen Sie sich schleunigst einen Sperrhaken. Ein (richtiger) Schlosser wird Ihnen sicherlich einen verkaufen. Ein Schlüsseldienst wahrscheinlich nicht, der hat ja Angst um sein Geschäft. Fragen kostet trotzdem nichts. Vielleicht gibt er Ihnen einen. Den verstecken Sie dann im Haus oder deponieren ihn bei Freunden.

Spray

Eine Dose mit Gleit-Spray. In Ihrem Auto haben Sie garantiert eines dieser Zaubermittel. So was sollten sowieso immer haben. Sie können damit auch die Scharniere Ihrer quietschenden Türen bequem schmieren., oder nasse Motoren starten, oder die Dichtung Ihrer Wohnungstüre einsprühen, um den Öffnungsdraht oder die

Öffnungskarte besser in Spalt einlegen zu können. Gibt es auf Teflonbasis oder Silikonbasis, oder noch tausend Arten. Im Ernstfall ist es völlig egal welches Spray Sie benutzen, Hauptsache Sie haben eines.

Nadel

Eine Nadel ist ebenfalls ein äusserst effektives Werkzeug. Für einen Schlüsselnotfall kann sie ruhig etwas grösser, länger und fester sein als eine normale Nähnadel. Mit einer (Reiss)nadel lassen sich abgebrochene Schlüssel gut aus dem Schloss entfernen.

Spachtel

Eine Malerspachtel ist ein gutes Werkzeug um zugezogene Türen zu öffnen. Sie sollten beim Bestücken Ihres Not-Koffers daran denken und eine dazu packen. Breit soll Sie sein, aber dünn (um gut um den Falz zu kommen). Fast ideal ist eine Chinaspachtel, denn die ist extrem dünn. Autospengler und Lackierer verwenden diese biegsamen Spachteln. Die gibt es auch aus Kunststoff.

Bolzenschneider

Einen Bolzenschneider brauchen Sie eigentlich so selten, dass man dieses Werkzeug hier gar nicht erwähnen müsste. Jetzt steht es schon mal da und es kann nicht schaden, wenn Sie irgendwo ein solches Gerät auftreiben können. Je grösser, desto besser und je härter die Backen, desto mehr können Sie damit anfangen und durchzwicken.

Werkzeugliste - Dinge die man brauchen kann

- PET Flasche
- Spray (WD 40)
- Wenn kein WD 40 zur Verfügung steht, dann Spray vom Auto (Sonax, Mos2, Bremsenreiniger)
- Wenn kein Ersatzspray vorhanden ist, dann dünnflüssiges Maschinenöl (Nähmaschinenöl)

- Wenn es auch das nicht gibt dann „Spüli"
- Wenn Sie nichtmal das auftreiben können, dann, ja dann: Spucken Sie! Spucke ist ein tolles Gleitmittel und Schmiermittel
- Billige Bohrmaschine vom Baumarkt
- Billiger Winkelschleifer (Trennscheibe) vom Baumarkt
- Alte Fahrradspeichen
- Draht aus dem Schlüsseltäschchen (Federdraht zu Aufschnappen der Tür)
- Zange
- Flache Zange
- Rundzange
- Hammer (kann man immer brauchen)
- Schere
- Tapetenmesser
- Spachtel
- Schraubezieher

Die Brutalo Methoden

Der allerletzte Weg!
(Manchmal muss man diesen Weg gehen)

!!! W A R N U N G !!!

Alle hier beschriebenen Methoden verursachen Schäden an Schloss, Türe oder Gebäudeteilen. Bedenken Sie, dass diese Gebäudeteile einen Eigentümer haben. Eine Zerstörung oder Beschädigung kann als Sachbeschädigung gedeutet werden und kann Ihnen ein gerichtliche Anzeige einbringen. Das bedeutet, Sie müssen alle Genehmigungen haben, um zerstörende Öffnungsmethoden anwenden zu dürfen. Wenn es Ihr Haus oder Wohnung ist, dann dürfen Sie damit machen was Sie wollen, ausser anzünden und sprengen.

In manchen Fällen führt nur rohe Gewalt zum Erfolg!
Leider gibt es Situationen, in denen es ohne Gewalt und Zerstörung nicht mehr weitergeht. Hier in diesem Kapitel werden einige Beispiele genannt, die Sie als Schlüsseldienst-Vermeider kennen sollten. Wenden Sie diese Kraftmethoden jedoch nur an, wenn es wirklich notwendig ist und, wenn Sie in der Lage sind die entstandenen Schäden wieder zu reparieren, oder reparieren zu lassen.
Sprich, Sie müssen den Urzustand wieder herstellen.

Abwiegen einer Notsituation:
Dagegen spricht: Beschädigungen
Dafür spricht: Eine neue Tür ist billiger als der Schlüsseldienst

Gewalt - Ja!
Aber nur, wenn es absolut keinen anderen Weg gibt, um Leben oder
hohe Sachwerte zu retten!

Mit der Brechstange

Geissfuss, Brecheisen, Kistenöffner, dieses Werkzeug hat viele
Namen. Zweck hat es nur einen, es soll die Tür öffnen. Ohne
Rücksicht auf Verluste.
Achtung! Für Leute, die nicht sofort alles verstehen: Mit einem
Brecheisen beschädigen Sie die Tür und Zarge! Also nur wirklich
aufbrechen, wenn es absolut keine andere Möglichkeit mehr gibt.

Zur richtigen Anwendung lässt sich nicht wirklich viel sagen.
Brechstange ansetzen und Krach macht es. Fertig! Vielleicht doch
einen kleinen Tipp: Zuerst mit der geraden (flachen) Seite etwas
Luft machen zwischen Tür und Stock. Dann die runde Seite
ansetzen und die Hebelkräfte des Werkzeugs ausnutzen.
Wenn Sie mit Vorsicht vorgehen, werden sich die Schäden in
Grenzen halten. Mit etwas Glück ist nur die Tür beschädigt und der
Türstock bleibt in Ordnung.

Brecheisen gut, aber aus
Kein Brecheisen bei der Hand? Ein entsprechend grosser
Schraubenzieher (Model Dino Saurier) kann den selben Zweck
erfüllen. Man muss nur öfters ansetzen, als mit dem Geissfuss.

Tritt und Tor

Kein Brecheisen? Keine andere Möglichkeit? Kein Geld für den
Schlüsseldienst?
Muss es schnell gehen? Müssen Sie sofort in Wohnung? Zum
Beispiel, weil es schon brennt, oder Gas ausströmt, oder Ihre zwei
Jährige Tochter geht am Fensterbrett im dritten Stock spazieren?

Tja, ungewöhnliche Situationen fordern ungewöhnliche Massnahmen! Der Autor glaubt kaum, dass Sie in einer dieser extremen Situationen auf die Feuerwehr oder auf den Schlüsseldienst warten können. Bis der kommt, ist nur mehr ein Haufen Asche übrig.

Einige kraftvoll Fusstritte gegen die Tür in der Höhe des Schlosses sollten fast jede Tür zum Bersten bringen. Feste Schuhe verhindern eine Verletzung. Aufpassen sollten Sie trotzdem, dass Sie nicht durch die Tür treten, denn dabei verletzen Sie sich garantiert. Treten Sie immer in der Nähe des Beschlags oder des Schlosses.

Anlauf und durch

Ist die Tür schon geschwächt durchs Auftreten, dann ist es gut zu Kombinieren. Und zwar mit dem Einrennen. Sie minimieren dadurch ein Verletzungsrisiko Ihrer Beine. Der Autor meint damit, wenn die Tür schon fast offen ist durch einige Fusstritte, dann werfen Sie sich mit der Schulter dagegen. Sonst treten Sie „ins Leere", und das kann verdammt weh tun.

Ist genug Anlauf vorhanden können Sie die Tür auch einrennen. Wie im Film. Das wollten Sie immer schon machen, stimmts? Jetzt haben Sie die Gelegenheit!

Fenster einschlagen

Das entscheidende Argument heisst dabei, eine Fenster ist billiger als der Schlüsseldienst. Sie wissen was gemeint ist?

Achtung! Bei keiner anderen Brutal-Öffnungsmethode ist ein Verletzungsrisiko so hoch, wie beim Einschlagen eines Fensters.

Niemals mit der Hand! Auch nicht mit Handschuhen oder mit in Tüchern gewickelten Händen. Nehmen Sie ein geeignetes Werkzeug wie einen Hammer. Schlagen Sie nicht in die Mitte des Fensters, sondern an den Rand oder in ein Eck. Sie verhindern dadurch fliegende Glassplitter. Fangen Sie mit leichten Schlägen an, bis Sprünge zu sehen sind. Dort machen Sie weiter bis kleine

Löcher entstanden sind. Von dort aus brechen Sie dann Stück für Stück weiter aus dem Fenster raus.

Beim Einschlagen gibt es zwei Varianten

Einschlagen und Durchgreifen

Sie brauchen nur ein kleines Loch um durchgreifen zu können. Es ist eine Glastüre und Sie können den Drücker runterdrücken.

Es ist ein Fenster oder eine Terrassentür und Sie können durch zerschlagenen Fenster den Griff drehen um einsteigen zu können.

Es liegt der Schlüssel hinter einem Fenster und den wollen Sie herausfischen.

In diesen Fällen machen Sie das Loch mindestens dreimal so gross wie Ihre Hand ist. Denken Sie daran, dass Sie nervös sind und eine kleine Berührung mit einem Glas führt zu Schnitten. Ausserdem brauchen Sie mit der Grösse des Loches nicht zu sparen, denn wie kaputt das Fenster ist, ist völlig egal. Oder glauben Sie durch ein kleines Loch ist ein Fenster weniger kaputt?

Einschlagen und Durchkriechen

Sie müssen durch das Fenster einsteigen. Das ist die schwierigere und gefährlichere Methode. Sollten Sie vermeiden. Wenn Sie es trotzdem müssen, weil es wirklich keinen anderen Weg gibt, dann sollten Sie extrem vorsichtig sein. Sie müssen den ganzen Fensterrahmen komplett vom Glas reinigen. Es darf kein Splitter mehr aus dem Rahmen rausgucken. Legen Sie eine Decke auf den unteren Teil des Fensterrahmens während des Durschsteigens. Halten Sie sich nicht am Rahmen an, sondern an der Mauer, denn es können immer noch kleinste Glasteile sich im Rahmen befinden. Wie gesagt, nur machen als letzten Ausweg.

Zusatztipp des Autors:

Kleben Sie eine nasse Zeitung aussen an die Fensterscheibe. Dann fliegen Ihnen keine Splitter ins Gesicht, beim Einschlagen!

Zusatzschloss

Auch für das zweite Schloss (Zusatzschloss) gibt es eine Brutalo-Methode. Nicht sehr fein, aber wirksam! Sie benötigen dazu eine Bohrmaschine und eine Stichsäge. Mit Glück und Freundlichkeit wird Ihnen der Nachbar oder der Hausmeister dieses Werkzeug gerne borgen.

Die Vorgangsweise ist recht einfach.

Von aussen sehen sie sehen nur den runden Aussenzylinder. Den Schlosskasten sieht man nicht von der Aussenseite nicht, denn er ist innen an der Tür. Sehen können Sie ihn nicht aber abschätzen. Schätzen Sie die ungefähren Abmessungen des Schlosskastens ab.
Sie bohren etwa drei bis fünf Zentimeter entfernt vom Kasten ein Loch durch die Tür. Ob die Bohrung oben oder unter ist, ist völlig egal. Wichtig ist nur, dass die Bohrung gross genug ist, um das Sägeblatt der Stichsäge aufzunehmen. Was jetzt kommt, werden Sie schon wissen. Sie sägen rund um das Schloss die Tür weg. Auf Deutsch, Sie sägen das Schloss aus der Tür. Nun können Sie die Tür öffnen – das Schloss bleibt an der Zarge hängen. Das kommt Ihnen seltsam vor? Keineswegs! In diversen Kreisen der Unterwelt ist diese Öffnungsmethode sehr stark vertreten.....! Die Vorteile liegen auf der Hand. Es geht äusserst schnell und die Qualität des Zusatzschlosses spielt keine Rolle. Sei es noch so ein tolles Magnet-Titan-Chrom-Superschloss, das kann Ihnen egal sein.

Schloss teurer als die Türe

Noch ein grosser Vorteil ist: Das Schloss selbst wird nicht beschädigt. Bei teuren und qualitativ hochwertigen Schlössern ist diese Öffnungsmethode eine echt gute Alternative.
Besorgen Sie sich eine neue Tür oder reparieren Sie die alte – Schloss wieder einbauen (ist ja nicht kaputt). Das war`s!

Noch ein Hinweis:

Passen Sie bei den Brutalo – Methoden auf Ihre Gesundheit auf. Unterschätzen Sie die Anforderungen dieser Gewalt-Varianten nicht. Ist man kein geübter „Tür-Eintreter" kann man sich sehr schnell höllisch verletzen.

Wie baut man eigentlich ein Zylinderschloss aus?

Gründe ein Zylinderschloss zu wechseln gibt es Tausend, und Sie werden den Ihren haben.

Ein Standard Zylinderschloss zu wechseln ist wirklich leicht, für diese Arbeit brauchen Sie niemand zu rufen und bezahlen. Alles was Sie dazu brauchen ist ein Schraubendreher und einen Schlüssel (und ein neues Schloss).

Also gut, fangen wir an!

Als erstes muss die Tür offen sein. Auf der Stulpseite (die schmale Seite der Tür) befindet sich eine Schraube. Sie ist etwas unterhalb der Sperrzunge (Riegel).   Diese Schraube muss rausgedreht werden.

Die Stulpschraube rausdrehen

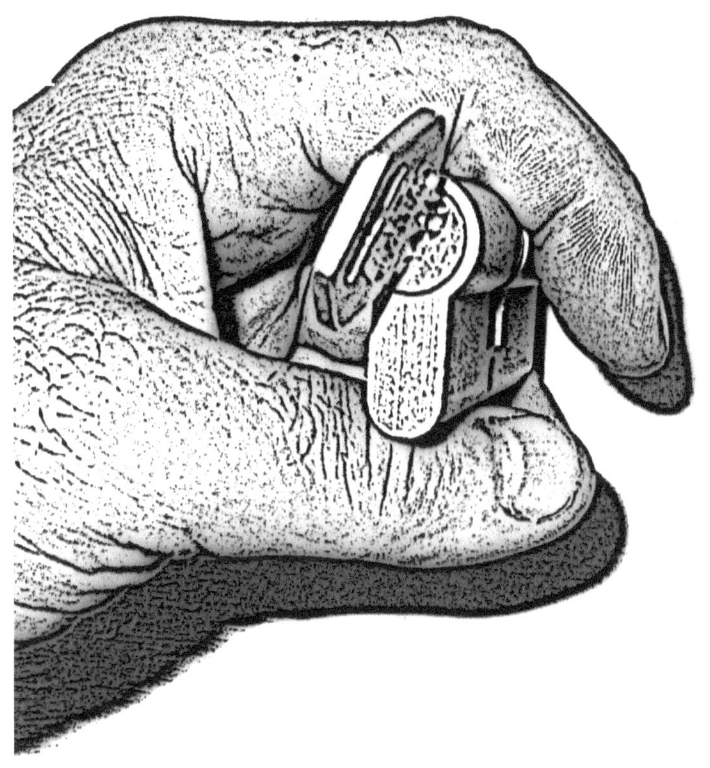

Das Schloss ist nun nicht mehr fixiert und wackelt bereits. Jetzt kommt der Schlüssel ins Spiel. Es gibt einige Anleitung für diesen Schritt, der Autor macht es folgende Art und ist gut gefahren damit. Sie stecken den Schlüssel auf der Aussenseite der Tür an und drehen nicht ganz eine Viertel Drehung. Gleichzeutig drücken Sie von innen auf das Schloss. Warum? Weil Sie es durch die Tür schieben wollen. Nach einer kleinen Drehung geht es „Flupp" und das Schloss rutscht durch. Sie können es ab diesen Zeitpunkt ganz leicht mit dem Schlüssel aus dem Beschlag rausziehen. Geht es nicht „Flupp", dann drehen Sie in die andere Richtung.

Das Schloss, welches Sie nun in der Hand haben, hat

wahrscheinlich eine lange und eine kurze Seite. Es ist asymmetrisch. Merken Sie sich sofort, wo die kurze Seite war. Aussen oder innen? Wenn Sie schwach mit dem Merken sind, dann markieren Sie den Zylinder oder Sie schreiben Sie es mit einem Filzstift drauf.

Am besten Sie sehen sich ein Zylinderschloss vor dieser Arbeit erst einmal an, dann werden Sie verstehen, warum Sie den Schlüssel verdrehen müssen. Es muss nämlich die Schliessnase (so heisst das schwarze runde Ding, das sich mit dem Schlüssel mitdreht) in einer Fluchtlinie mit dem Gehäuse des Schlosses stehen. Anders geht es nicht. Wie gesagt, einmal angeguckt ist sofort begriffen!

Haben Sie schon ein neues Schloss?
Es sollte auf jeden Fall die gleichen Abmessung haben wie das alte. Legen Sie das alte Schloss neben das neue und kontrollieren dies auch.

Oder müssen Sie erst eines besorgen?
Dann nehmen Sie den Schliesszylinder, laufen zum nächsten Laden und legen es auf den Pult und sagen: „So eines will ich wieder, sonst passt es nicht!" Kontrollieren Sie es nochmal bevor Sie gehen.
Tipp: In der Zwischenzeit sollte jemand zu Hause sein, der auf die Wohnung aufpasst....bedenken Sie, Diebe schlafen nicht.

Haben Sie eigentlich gemerkt, wo die kurze Seite des Zylinders war? Es ist von Vorteil, dies sofort nach dem Ausbau zu kennzeichnen. Wahrscheinlich gehört die kurze Seite aussen, das ist den meisten Fällen so.

Der Einbau ist genauso einfach wie der Ausbau.
Schlüssel drehen
Schloss in die Öffnung einstecken
Wie weit? So weit bis sich der Riegel bewegt, wenn Sie den Schlüssel weiter drehen. Dann hat er die richtige Position. Probieren Sie aus, ob Sie sperren können. Natürlich bei offener Tür – Falls das klappt kommt der nächste Schritt. Schraube rein und fest anziehen. Nochmals probieren, natürlich wieder bei offener

Türe – Fertig!
Im Prinzip müssen Sie nur den umgekehrten Weg gehen wie beim
Ausbauen.

Das war`s!
Fast. Jetzt kommt ein sehr wichtiger Schritt, welcher gerne
vergessen wird. Tauschen Sie den Schlüssel auf Ihrem
Schlüsselbund aus. Sonst stehen Sie vor der Tür und können nicht
aufsperren und ärgern sich grün und blau. Um diesen fürchterlichen
Ärger zu vermeiden, tauschen Sie die Schlüssel aus. Bei Ihnen, bei
Ihren Verwandten und Mitbewohnern und bei allen Personen,
welche noch Zutritt zu Ihrer Wohnung haben dürfen. Vergessen Sie
auch den Reserveschlüssel im Geheimversteck nicht.

Und war das schwer? Nein! Hab ich ja gesagt. Mit dem ersparten
Geld können Sie vier Wochen Urlaub machen, besser Sie als der
Schlüsseldienst.
Zehn Prozent dürfen Sie auch spenden an wen Sie wollen.

Sicherheitstipps

In diesem Kapitel werden wirkungsvolle Sicherheitstipps vorgestellt. Ratschläge, die nahezu kostenlos und trotzdem enorme Wirkung zeigen. Diese Tipps sind sowohl im vertrauten Heim, als auch auf Reisen und in fremder Umgebung gut, sofort und einfach anwendbar. Natürlich ist eine 500 Kilo Sicherheitstüre als Eingangstüre zur Wohnung nicht zu verachten, aber auf Urlaub kann man eine solche Türe nur schwer mitnehmen, da sind die einfachen Tricks eher gefragt.

Diese Tricks sind wie das ganze Buch:

Einfach – genial - hilfreich

Der Bierflaschenalarm auf Türschnalle

Einfacher und effizienter geht es nicht

Die verlässlichste Alarmanlage und gleichzeitig die billigste ist eine Glasflasche auf den Türdrücker zu stellen. Kein Stromausfall, kein Telefon-Jammer und kein technisches Gebrechen kann dieses geniale Konstrukt ausser Gefecht setzen. Es ist unbestechlich und wirklich in jedem Zimmer sofort einsatzbreit. Sollte irgendjemand probieren ins Zimmer zu gelangen, oder will der jenige nur wissen, ob das Zimmer versperrt ist, wird er die Türschnalle hinunterdrücken..... Somit fällt die Flasche zu Boden und lösst „Alarm" aus.

Der Flaschenalarm auf Fensterbrett

Eine Flasche aufs Fenterbrett gestellt – Beim Öffnen fällt sie zu Boden

Haben Sie Angst, dass ein Bösewicht plötzlich, unerwartet und vor allem nicht eingeladen bei Ihnen im Schlafzimmer steht? Ja? Dann ist dieser Tipp wichtig für Sie!
Er ist nahezu identisch mit dem Flaschen-Türschnallenalarm.

Allerdings wird die Flasche nicht auf dem Türdrücker platziert, sondern auf dem Fensterbrett. Dies soll ein unbemerktes Öffnen des Fensters verhindern. Wenn man im 42 Stock wohnt, so ist dieser Tipp wohl ohne Bedeutung, aber wenn man Parterre oder im ersten Stock sein Nest hat, dann kann dieser Ratschlag so manch böse Überraschung verhindern. Ein normales Fenster ohne massiven Einbruchschutz ist rasch aufgedrückt oder aufgebrochen und plötzlich steht ein ungebetener Gast neben Ihrem Bett. Stösst dieser Einbrecher allerdings eine dabei eine Flasche zu Boden, dann wachen Sie auf und können den netten Besucher auf Ihre Art Willkommen heissen. Z.B. Mit Tränengas...

Das Namensschild

Sie können sich wahrscheinlich gar nicht vorstellen wie viele Idioten auf der Welt herumrennen. Zum Beispiel gibt es unangenehme Zeitgenossen, welche durch die Strassen ziehen und Klingelbretter und Namensschilder unter die Lupe nehmen. Diese Widerlinge sind auf der Suche nach Namensschilder mit weiblichen Namen. Diese Adressen werden notiert, wofür, das weiss nur er allein. Niemand will den wahren Zweck erfahren oder gar erleben. Deshalb sollte niemals und gar keinen Umständen ein weiblicher Vorname auf einem Namensschild erscheinen. Und schon gar nicht ausschliesslich.

Namensschild für Fortgeschrittene

Man kann noch einen Schritt weiter gehen und einfach einen männlichen Fake-Namen auf das Klingelschild schreiben. Mit „Horst" oder „Xaver" ist man auf der sicheren Seite. Diese maskulinen Vornamen erwecken beim Namens-Stalker keine Aufmerksamkeit oder Interesse.

Grosse Schuhe vor der Tür

Falls Sie, liebe Leserin, allein wohnen sollten Sie das nicht unbedingt an die grosse Glocke hängen. Ganz im Gegenteil, Sie sollten es verschleiern. Je eindrucksvoller und plakativer, desto wirkungsvoller. Ein Paar getragene Arbeitsschuhe oder Sportschuhe vor Ihrer Wohnungstüre in Grösse 46 wirken Wunder... Einfach hinstellen und ab und zu auswechseln. Wenn Sie zwei, drei Freundinnen für eine gelegentliche Rotation der Monsterschuhe haben, ist das ideal.

Hundeleine und Beisskorb vor der Tür

Eine massive Hundeleine, Halsband oder Kette vor der Wohnungstür aufgehängt oder abgelegt, hat ebenfalls eine grosse psychologische Wirkung und nimmt Einfluss auf das Verhalten etwaiger Verfolger. Kein aufdringlicher Typ will Bekanntschaft mit einer 80 Kilo Kampfmaschine machen, und solch ein Wesen täuschen Sie vor, mit einem Maulkorb in XXXXL Grösse.

Gewohnheiten ändern

Sie verlassen Ihre Wohnung täglich um 7.30, weil Sie um 8.00 pünktlich zur Arbeit erscheinen?
Sie arbeiten bis 16.00 und erreichen Ihre Wohnung täglich um 16.30?
Sie gehen immer den selben Weg zur selben Zeit?
Sie machen jeden Tag das Selbe zur selben Zeit. Das sollten Sie nicht, denn es kann jemanden geben, dem Ihre Gewohnheiten auffallen, auch unbeabsichtigt nur durch reinen Zufall. Dieser Jemand verbeisst sich in Sie, fängt an Sie zu beobachten und schliesslich zu verfolgen. Der Rest kann unschön werden. Also sollten Sie Ihre Abläufe niemals zu fixen Gewohnheit machen.

Variieren Sie so gut und so viel Sie können. Einen Tag gehen Sie früher, einen Tag später, einen Tagen gehen Sie links, den nächsten Tag rechts. Ihrer Phantasie sind keine Grenzen gesetzt. Alles was Abwechslung bringt ist gut und sorgt für Sicherheit.

Grünes vor der Tür

Dieser einfache und dennoch fantastische Sicherheitstipp kommt aus Japan und dort konnte man mit dieser billigen Lösung die Einbruchszahlen erheblich nach unten drücken.

Einbrecher wollen nicht gesehen werden und sie scheuen die Begegnung mit dem Opfer. Also muss man mit dem Einbrecher eine Konversation betreiben, man muss mit dem Einbrecher „reden" und ihm vermitteln, dass er jeden Moment entdeckt werden kann. Dies lässt sich auf verschiedenste Weise bewerkstelligen, die einfachste Möglichkeit ist, dass Sie im Stiegenhaus eine gepflegte Grünpflanze platzieren. Einem vermeintlichen Einbrecher wird auf diese Weise gesagt, dass jeden Augenblick jemand aus einer Wohnung heraustritt, um die Pflanze zu giessen oder daran zu zupfen. In Japan werden sogar Mikrogärten in Wohnanlagen und Stiegenhäusern angelegt, nur für den Zweck der Einbrecherabwehr.

Achtung beim Lichtaufdrehen

Privatdetektive und auch der eine oder andere Fernsehzuseher kennen diesen Trick. Leider auch viele Kriminelle. Ein Opfer wird des Nachts durch die Strassen verfolgt bis es ins schützende Stiegenhaus flüchtet. Der Stalker muss nur mehr einige Sekunden warten bis irgendwo an der Häuserfront ein Fenster hell beleuchtet wird. So kann der Verfolger auf einfachste Weise erfahren, in welchem Stockwerk und in welcher Wohnung das Objekt seiner Begierde wohnt.

Falls Sie das Gefühl haben einen Stalker an Ihrer Ferse zu haben, dann warten Sie einige Minuten nach erreichen Ihrer Wohnung, bis

Sie den Lichtschalter umlegen. Eine Taschenlampe weist Ihnen sicherlich den Weg durch die dunkle Wohnung.

Türspion mit Kamera tauschen

Einen Türspion hat mittlerweile jede Eingangstüre, aber meist einen ungeeigneten. Bei den meisten Spionen muss man ganz nahe zur Tür rantreten, um etwas zu oder jemand zu sehen. Das ist nicht gerade das beste Gefühl mit dem Aug an der Tür zu hängen...
Es gibt bereits um wenig Geld moderne Türspione, die mit einem Bildschirm verbunden sind. Auf diese Weise lässt sich das Geschehen vor der Wohnungstüre beobachten ohne in der Nähe der selben zu sein. Der Monitor kann im Schlafzimmer oder in Küche sein, damit wird das Sicherheitsgefühl enorm gesteigert. High Tec Geräte lassen sich seit einiger Zeit auch mit dem Handy verbinden. Mit einen solchen elektronischen Spion kann man also auch sehen wer vor der Wohnungstür steht, wenn man im Büro oder in Mallorca ist.

Licht von innen aufdrehen

Kennen Sie das, wenn Sie die Wohnung verlassen müssen und im Stiegenhaus ist es stockdunkel? Sie werden zugeben, dass es ein ungutes Gefühl ist bis ans andere Ende des Ganges zu huschen, um den Lichtschalter zu drücken. Manchmal ist es ganz schlimm. Sie legen den Schalter um, und es bleibt dunkel...
Diesen Szenario können Sie leicht ausweichen, indem Sie an Ihrer Wohnungstüre aussen ein kleines Licht montieren, welches sich von innen einschalten lässt.

Türklingel mit Handyverbindung

So wie der Türspion mit dem Mobiltelefon vernetzbar ist, gibt es mittlerweile auch Türklingeln mit Handyanschluss. Der Vorteil dieser Innovation ist enorm. Ein Typ klingelt an Ihrer Haustür und es läutet auf Ihrem Handy. Egal, wo Sie sich befinden, Sie verpassen keinen Besucher, ob Botendienst, Stalker oder einen Einbrecher, der Sie ausspionieren will. Das Zeug gibt es auch mit Kamera, so können Sie Ihren Besucher auch gleich sehen. Ein weiterer Vorteil: Es kostet wenig Geld.

Was ist ein Schwarzschlüssel

Vertrauen ist gut, aber Sie wissen ja wie das ist mit dem Vertrauen. Deswegen sollten ALLE Schlösser getauscht werden, wenn Sie in eine neue Wohnung ziehen. Sie wissen nicht, wer sich aller einen Schlüssel behalten hat, oder wer einen Schlüssel (Schwarzschlüssel) besitzt. Es gibt nämlich Menschen, die ganz vorsätzlich Schlüsseln von Wohnungen sammeln. Die Gründe dafür sind manigfaltig, jedoch meist schäbig. Haben Sie also Absicht die Schlösser zu wechseln, so müssen Sie höllisch aufpassen, denn hier lauert schon die nächste Falle!

Schlosstausch, aber von wem?

Wir sind bei diesem Vorhaben wieder beim Thema Vertrauen. Um sich nicht gänzlich einer Person oder einer einzigen Firma anzuvertrauen, sollten an Ihrer Wohnungstüre mindestens zwei von einander unabhängige Schlösser montiert sein. Da dies allein einen noch nicht wirklichen Sicherheitszuwachs bringt, sollten die Schlösser von verschiedenen Leuten montiert werden. Diese sollten sich keinesfalls kennen, und auch nichts von einander ahnen. Sich in die Hand einer einzigen Sicherheitsfirma oder Schlüsseldienstes zu begeben, kann böse enden. Schliesslich weiss man nicht wirklich, wer der Typ ist, der einem das Schloss montiert. In der Regel sieht man den Monteur erstmals bei der Montage und dann

nie wieder. Wer weiss schon, wer das in Wahrheit ist und was in ihm vorgeht? Sie wissen niemals, ob er sich einen Schlüssel behält. Soll schon vorgekommen sein...
Also reduzieren Sie das Risiko und beauftragen Sie verschiedene Leute für diese Arbeiten.

Schutz gegen Home Invasion

Eingangstür blockieren beim Schlafen

So bleibt der Einbrecher draussen!
Wenn Sie sicher sind, dass Sie nachts keine Hilfe benötigen und wenn gesundheitlich nichts dagegen spricht, dann sollten Sie Ihre Wohnungstüre über Nacht blockieren. Es gibt dafür spezielle Blockade-Stangen (Tür-Kralle) im Fachhandel, die man innen gegen die Tür verkeilt. Manche Leute verwenden rutschfeste Kunststoff-Keile, die an der Innenseite der Tür untergeschoben werden. Ein Aufbrechen oder Aufdrücken ist damit extrem erschwert. Einem Einbrecher ist es auf diese Weise nicht möglich in Ihre Wohnung einzudringen, dann wann Sie am verletzlichsten sind. Nämlich wenn Sie schlafen und hilflos sind. Diesen Schutz sollten Sie allerdings wirklich nur in Betracht ziehen, wenn Sie garantiert keine Betreuung über Nacht benötigen, da auch Rettungskräfte keinen Zutritt mehr zu Ihrer Wohnung haben.

Ein einfacher Keil kann bereits Wunder wirken

Schlafzimmer sollte einen Riegel haben

Nicht immer ist es möglich die Wohnungstür gegen nächtliches Aufbrechen mit Stangen oder Keilen zu sichern. In diesem Fall bietet sich einfache mechanische Sicherung an. Ein einfacher Schub-Riegel, wie Sie Scheunen oder Toiletten (früher) verwendet wurden hat wieder Saison. Der Riegel wird innen an der Schlafzimmertür montiert und sollte vor dem zu Bettgehen betätigt werden. Sollte ein Eindringling es in Ihre Wohnung geschafft haben, dann hat er noch die grosse Hürde vor sich, bevor Sie in Ihrem Bett beim Schlafen überrascht werden. Ihnen wird noch genug Zeit bleiben, um die Polizei anzurufen. Diese preisgünstige Sicherung kann Sie vor grossem Schaden bewahren.

Sie wollen mehr wissen?

Geheimwissen Schlüsseldienst

Eine Anleitung zum Schlossöffnen

Türe zugefallen?

und der Schlüssel ist innen!

Jeder von uns kennt das Gefühl, wenn er das Schloss einrasten hört und den Schlüssel vergessen hat. In Geheimwissen Schlüsseldienst werden fast alle Möglichkeiten des Schlossöffnens und Arbeitsweisen des Schlüsseldienstes behandeln. Dieses Buch spricht alle Personen an, die vor einer geschlossenen Türe stehen und diese öffnen müssen. Ob es nur ein einziges Mal ist, oder ob Sie es zu Ihrem Beruf machen wollen, spielt keine Rolle. Besonders geeignet als Lehrbuch zur Türöffnung für Feuerwehr und Polizei, Schlüsseldienst, aber auch für interessierte Privatpersonen. Es ist in leicht verständlicher Form geschrieben ohne viel Fachchinesisch und mit vielen Schritt für Schritt Anleitungen. Es ist ohne Zweifel ein gelungenes Gesamtwerk das keine Fragen offen lässt. Mit über 100 Abbildungen!

Der eiskalte Einbrecher

Lernen Sie Tresorknacken!

Der Tierschutzkrimi

Drei rechtlose und verarmte junge Tierschützer sehen es als einzige Möglichkeit ein Verbrechen zu begehen um sich Geld zu besorgen. Das untragbare Leid ist Anlass für die drei Aktivisten eine jahrzehntelange Gefängsstafe zu riskieren und einen gigantischen Diebstahl zu planen und auch durchzuführen. Mit Engelsgeduld gelingt es den dreien Desperados Millionen zu ergattern um ihre Träume und Pläne zu erfüllen.

Traumjob Schlüsseldienst

Überall kleben die Sticker vom Schlüsseldienst. Rot – Grün – Blau – meistens aber Gelb. Auf dem Postkasten, auf der schwarzen Tafel, auf der Tür, immer in Augenhöhe, unauffällig, aber doch gut sichtbar. Garantiert haben Sie die Werbekleber dieser Minifirmen schon öfters gesehen. Vielleicht haben Sie sogar schon mal selbst in einer Notsituation angerufen. Allerdings haben Sie garantiert noch nie nachgedacht, wer diese Menschen sind, die diese bunten Werbekleber verbotenerweise hinterlassen. Wie lebt ein Schlüsseldienst? Sind das überhaupt Menschen? Wer arbeitet beim Schlüsseldienst? Begleiten Sie einen Schlossermeister einen Tag lang bei seiner Arbeit durch die Vielfalt der Grossstadt. Steigen Sie in seinen alten Lieferwagen ein und fahren Sie mit! Eine witzige und rasante Geschichte, amüsant und kurzweilig zu lesen. 24 Stunden sind verdammt lang im Kampf gegen Kunden, Schlösser und Beamte!

Lachen erlaubt!